AF313418

DISCOURS

SUR L'EMPLOI

DU LOISIR.

A PARIS,

Chez N Y O N Fils, Quay des Augustins,
à l'Occasion.

M. DCC. XXXIX.

Avec Approbation & Privilége du Roy.

PREFACE.

UNE des occupations qui me semble la plus importante au bonheur de l'homme, c'est l'étude de l'Emploi du Loisir. Le cours des années nous conduit naturellement à cette étude, & souvent il arrive que des circonstances imprévûës nous y portent comme d'elles - mêmes avant le tems ordinaire. Rien de plus malheureux en général que l'homme, qui par une ridicule confiance dans les

événemens , ou par un aveuglement infensé fur le tribut
qu'il faut payer à la nature ,
ne s'eft pas rendu capable de
remplir l'état du loifir. Cependant, loin que les hommes
s'y difpofent même par la fimple connoiffance de ce qui eft
néceffaire pour le foutenir : la
foibleffe de plufieurs va jufqu'au point de fermer les yeux
fur cet avenir , & même de
regarder avec une efpéce
d'horreur le moment où ils
feront livrés à eux - mêmes.
Ils envifagent d'avance l'é-
tat du loifir comme un genre de mort civile , & comme
une ceffation d'être toûjours
affligeante pour l'humanité.

C'eſt ainſi que l'homme victime de ſes préjugés croit travailler pour ſon bonheur, en
écartant l'idée d'un état qui
ne doit cependant lui paroître fâcheux, que parce qu'il
ne connoit ni les reſſources
dont il eſt ſuſceptible, ni les
avantages qui en peuvent naître. Auſſi, lorſque jeunes encore nous commençons une
carriere, il nous tombe ſi peu
dans l'eſprit que par la volonté d'autrui, ou par notre propre choix, elle doive avoir un
terme, que nous y ſommes
preſque toujours ſurpris par
la mort naturelle; ou ſi des
haſards dont le détail ſeroit
infini nous arrachent de la

carriere que nous courons ,
notre premier mouvement est
de nous compter au nombre
des malheureux. Et dès-lors
cette idée empoisonnant nos
jours , & nous-mêmes deve-
nant nos propres bourreaux ,
nous ne trouvons que de l'a-
mertume dans un état dont
l'emploi sagement fait peut
cependant operer notre bonheur.

Ceux qui tombent dans
une erreur si funeste à leur
repos penseroient-ils ainsi ,
s'ils se formoient une juste
idée des situations qui les rendent esclaves de tout ce qui
les environne ; ou s'ils se rap-
pelloient que l'homme bien

loin d'éxiſter pour lui-même,
tant qu'il eſt plongé dans l'y-
vreſſe des grandeurs , ou em-
porté par le tourbillon des
occupations , ſemble ne devoir compter les jours de ſa
vie que du moment que rendu à lui-même , il peut ſans
trouble & ſans diſtraction réfléchir ſur ſes actions paſſées ,
pour réformer ſa conduite
& ſe rendre meilleur. Les
Athletes ſe repoſoient lorſqu'ils avoient atteint la vieilleſſe , & le Soldat qui avoit
porté long-tems le poids des
armes Romaines , mouroit
au ſein de ſes Dieux domeſti-
ques , ſans rien reprocher aux
ſages Loix qui avoient fixé

un terme à ſes travaux. Pourquoi, au défaut de Loix ſemblables, ne ſommes-nous pas dans nos différens états nos propres Legiſlateurs, & ne nous faiſons-nous pas juſtice à nous-mêmes ? C'eſt que nous portons avec nous & au-dedans de nous les plus grands ennemis du loiſir, la vanité, l'amour-propre, l'ambition, le déſir des richeſſes, & cent autres paſſions qui éteignent en nous l'amour du loiſir, ou plûtôt qui nous défendent d'aſpirer à un état ſi tranquille.

Mais ſi on penſe que la ſageſſe éxige que tous les hommes ſe familiariſent avec l'idée du loiſir, & même qu'à tout haſard ils ſe mettent de bonne heure au point d'en pouvoir soutenir l'état : il n'en résulte pas que tous les hommes doivent s'y livrer, & qu'ils soient tous reprehensibles, quand ils ne le font pas. Il est des positions qui ne le permettent pas, ou qui peuvent éxiger qu'en bon citoyen, en bon pere de famille, en bon ami, on se consacre jusqu'au dernier moment de sa vie à l'état auquel on a été appellé. Il peut encore arriver qu'en même tems qu'aucune des considérations dont on vient de parler n'éloigneroit du loisir, on ne se sentiroit pas capable d'en soutenir le poids, parce que ſi cet état a plus d'agrémens qu'un autre, il a auſſi ſes pei-nes, comme tous les états en général ; de ſorte qu'on ne ſeroit pas moins blamable de s'y expoſer ſans précautions, qu'on le ſeroit en embraſſant tout autre état pour lequel on ne ſe ſentiroit pas propre. On ne peut donc établir à cet égard aucune loi générale. Mais contre un petit nombre d'hommes qui dans ce genre d'examen ſeront de bonne foi, il en eſt mille qui ne cherchent qu'à ſe tromper, & qui prétant au ſimple pré-texte le même crédit que pourroient avoir les raiſons les mieux fondées, ne tra-

vaillent qu'à séduire la cré-
dulité publique par le voile
qu'ils mettent sur leurs vrais
motifs intérieurs. On affecte
même un air de principes &
de bonne morale, en paroiſ-
fant convaincu d'une verité
devenuë pour ainſi dire tri-
viale par l'abus que l'on en
fait, *qu'il faut mettre un tems
entre la vie & la mort.* Mais
la preuve que ces vains diſcours ſont démentis par le
cœur, c'eſt que d'un grand
nombre de ſectateurs préten-
dus de cette maxime, il n'y
en a preſque pas un ſeul qui
agiſſe en conſéquence, ni
qui faſſe plus que projetter
en apparence ce que jamais

il n'exécute en effet. Auſſi trouverions-nous, en parcourant l'hiſtoire des ſiécles paſſés, bien peu d'exemples de loiſir embraſſé volontairement, ſur-tout parmi ceux que les haſards & la fortune ont mis au-deſſus des autres hommes, & à portée de l'yvreſſe des grandeurs.

Cependant, ſi nous ſçavions nous élever au-deſſus des conſidérations humaines, le loiſir nous paroîtroit déſirable au moins dans la vûe de cet avenir infini, pour lequel il n'eſt pas poſſible aux hommes de travailler ſérieuſement, tandis que partagés entre mille objets divers, ils ne peu-

vent se donner tout entiers à
la pratique des choses qui
seules doivent décider de leur
sort , quand le terme fixé à
leurs jours par la providence
est arrivé.

Mais ce n'est pas dans ce
dernier point de vûë que je
me suis proposé de traiter
mon sujet. Laissant ce soin à
ceux qui y sont obligés par
état , & qui ont plus de capacité que moi , je me ren-
fermerai seulement dans l'examen des fruits que chaque
individu & chaque societé
particuliere peuvent trouver
dans le loisir , lorsqu'il est
embrassé avec discernement ,
& employé avec sagesse. Heu-

reux ceux qui, pour s'y préparer plus sûrement, sçau-
roient avant que de sortir du
cercle des plus vives occupations, se ménager quelques
momens de retraite intérieu-
re, image bien imparfaite de
l'état du loisir dont je parlerai;
mais qui en rendroit les hommes bien plus capables & les
mettroit, dans toutes les circonstances qui les condui-
roient au loisir, à l'abri du
plus grand ennemi de leur
bonheur, je veux dire l'*Ennui*:
ce mal si funeste & que le peu
de valeur des hommes a rendu si commun.

Si les hommes dès les premiers instans qu'ils peuvent

réfléchir , se formoient une
juste idée du loisir & de ses
avantages, ils se prépareroient
d'avance à cet état , tels que
ceux qui se destinent à voya-
ger en des pays peu con-
nus , se fournissent de tout ce
qu'une sage prévoyance leur
peut suggerer. Tels sommes-
nous voyageurs sur la terre ,
où nous devons séjourner peu
de tems , & où marchant sans
cesse d'obscurités en obscurités , nous passons d'évenemens en évenemens tous également imprévûs , & tou-
jours nouveaux à la plus per-
çante pénétration.

Je ne sollicite donc point
l'homme à se livrer au loi-

fir, quand des confidérations relatives aux devoirs de fon état ou de fa naiffance devront l'en éloigner ; mais il eft à défirer pour lui qu'il fe rende capable de l'embraffer fans répugnance, & d'en faire ufage pour fon propre bonheur & pour le bien de la focieté. J'ai fouvent regretté en compofant cet Ouvrage que le Traité de Sénéque *de la Vie Heureufe*, fût fi court, & que celui du *Loifir du Sage* ne fût venu qu'imparfait jufqu'à nous. Les principes que j'ai puifés dans ces deux fources, m'ont fait fentir ce que j'aurois gagné, fi elles avoient été plus abondantes.

DISCOURS

DISCOURS
SUR L'EMPLOI
DU LOISIR.

I. **L**'H O M M E eſt détermi-
né en general à de cer-
tains partis par des
choſes qui lui ſont ex-
terieures. Mais il arri-
ve auſſi que le cours des années
produit naturellement des déterminations, auſquelles l'homme n'a
pour ainſi dire rien qu'il puiſſe oppoſer. Sans parler du premier âge,
qui eſt ſeulement l'objet des ſoins
néceſſaires à la ſanté, ni de l'ado-

A

lescence, qui est le tems consacré
à la formation du cœur, & de l'esprit : la Jeunesse, qui est comme le
premier tems de notre liberté, est li-
vrée toute entiere aux amusemens,
& à la dissipation. L'âge qui suit im-
médiatement, ou améne certaines
refléxions, ou arrête la vivacité des
passions, ou en devélope de nouvelles qui conduisent l'esprit à s'occuper & à travailler. Tant que ces causes subsistent, la force du temperament nesert qu'à rendre plus vif &
plus ardent dans le travail, ou dans la
profession que l'on a embrassée. Le
moment arrive ensuite où sans s'appercevoir, & sans pouvoir s'en rendre raison à soi-même, on devient
moins laborieux, quelquefois même
pour ainsi dire, paresseux. Cette paresse naissante aidée par l'affoiblisse-
ment du temperament, ou par les in-
firmités, ou par le nombre des années,
nous conduit naturellement à une
entiere oisiveté. Il peut y avoir des

confidérations qui nous engagent à lutter contre nos dégoûts pour le travail. Quelquefois il eſt pardonnable, & même conforme à la raiſon, de combattre l'oiſiveté, quoiqu'avec la certitude que l'on combat un ennemi qui devient chaque jour plus fort que nous. Mais le plus ſage parti ſans doute eſt d'arranger, quand on le peut, le cours de ſes occupations, de ſes vûës & de ſes deſirs, de maniere que l'on puiſſe ſe laiſſer conduire par les indications dont on vient de parler, & que l'oiſiveté totale dont on a fait mention, ſoit l'ouvrage de la nature ſeule à laquelle on obéït.

I I. L'oiſiveté volontaire à laquelle on ſe livreroit avant le tems, peut être regardée comme le plus grand ennemi du loiſir, & comme un écueil d'autant plus redoutable, que l'homme y a un penchant naturel, qu'elle ruine les ſuccès en apparence les plus ſolides, & qu'elle a été la

perte des plus grands hommes. L'oisiveté de Capouë fut le salut de Rome, & l'époque fatale aux Carthagi-
nois. César soutint encore moins ses
victoires par les talens militaires,
quoiqu'il en eût de grands, que par
cette continuelle vigilance que lui-
même nous peint dans ses Com-
mentaires. Et toutes les revolutions
qui de l'Empire Romain, firent renaître de nouveaux Empires, réussi-
rent principalement par l'activité de
leurs auteurs. C'est ainsi, pour parler de la simple conduite politique,
que Philippe II. Roy d'Espagne,
du fond de son cabinet, où il n'a-
voit de l'homme oisif que l'apparence, remua pendant presque tout son
Regne l'Europe entiere au gré de ses
desirs, & pour remplir ses vûës. On
conviendra donc, pour peu que l'on
y veuille refléchir, qu'il y a entre
l'état d'oisiveté & l'état de loisir une
différence marquée, & même si claire, qu'il n'est pas besoin pour la fai-

re sentir, d'avoir recours à la définition des deux mots. L'oisiveté est toujours blamable dans son principe, vicieuse dans son objet, & redoutable dans ses effets. Le loisir au contraire, si quelquefois il peut naître d'un principe défectueux, peut au moins être louable dans son objet, & heureux même dans ses effets, à proportion de l'emploi que l'on en sçait faire. Les Etats les plus illustres ont péri par les vices qu'y a engendré l'oisiveté. La mollesse & le luxe font incompatibles avec le loisir; ils font enfans de l'oisiveté; ils perdirent la République Grecque, & mirent aux fers la liberté Romaine. C'est donc dans ces trois points de vûë, du principe, de l'objet & de l'effet, que considerant l'oisiveté, il sera facile de faire connoître sensiblement ce qui la differencie du loisir.

III. On embrasse ordinairement l'état d'oisiveté, avant que de connoître ce que c'est qu'un état d'oc-

cupation honnête; il n'y a même
que l'ignorance de ce dernier état
qui nous puisse faire pancher vers le
premier. Son principe est, ou le peu
d'aptitude à s'appliquer; ou le défaut de talens de toute espece; ou
l'esprit d'indolence & de paresse;
ou l'amour des plaisirs & de la dissipation; ou l'amour-propre qui per-
suade que l'on n'a pas besoin d'acquis pour valoir autant ou plus que
les autres; ou le feu des passions,
qui étouffant toute refléxion, laissent entre nous & l'avenir un voile
épais; ensorte que oisifs d'abord,
sans sçavoir trop pourquoi, nous
continuons à l'être par habitude.
Tel est le sort ordinaire de la Jeunesse, à moins que le genre d'éducation qu'elle a reçû, ne lui ait ins-
piré de bonne heure de ces affections
qui portent nécessairement à vouloir être de quelque chose dans le
monde. L'ambition, ou l'amour pré-
maturé de la gloire, ne permettront

jamais que la Jeuneſſe ſoit oiſive.
Alexandre, ni Scipion, ſans cela,
n'euſſent point été Héros ſi jeunes.
L'objet de l'état d'oiſiveté eſt le
Rien, ou quelque choſe de frivole,
& de futile, auſſi dénué de conſiſ-
tance qu'une vapeur legere, qui diſ-
ſipée par le plus petit ſouffle, ne laiſſe pour ainſi dire pas la moindre
trace; Tel un Vaiſſeau décrit ſon
ſillon, que le même moment
qui l'a vû tracer, voit s'effacer auſſi-
tôt. En effet l'oiſiveté n'a proprement pour objet que de conſumer
le tems & les heures que la nature
ne prend point pour ſa reparation,
ſoit que l'on penſe fauſſement que
l'on pourra ſe ſuffire à ſoi-même,
ou étourdir ſa raiſon, en ſe livrant
aux plaiſirs; ou que l'on ſe flatte de
ſe rendre heureux par des routes différentes de celles que ſuivent les autres hommes. Mais la condamnation
de ces vûës ſe trouve clairement
dans les ſuites de l'oiſiveté. Pour en

A iiij

juger, il suffit de nous rappeller l'o-
pinion que nous avons des gens qui
font profession d'oisiveté, & quels
font les caracteres de leur conduite,
qui fixent notre opinion.

IV. Les effets ont une analogie
nécessaire avec les objets. Une hon-
teuse ignorance des choses les plus
simples, qui contribuent à l'orne-
ment de l'esprit, ou à la formation
du cœur; une prompte ruine de la
santé & du temperament, parce que
les ressorts de la machine ne peuvent soutenir que certains assauts,
& que le combat ne peut pas être
long-tems égal; un continuel ennui
de soi-même; parce qu'on ne peut
pas, quelque multipliés, quelque
variés que soient les plaisirs, trouver toujours, & sans cesse à s'a-
muser, le nombre des amusemens étant borné en soi, pendant
qu'il y a une infinité de manieres de
s'occuper & de s'instruire; &
le moment ou le tourbillon des dis-

sipations se ralentit, laissant voir &
sentir un vuide insuportable ; le mépris general, parce que tout homme
qui n'a servi, ni sa Patrie, ni sa famille, ni ses amis, doit s'attendre à
être dans l'occasion abandonné de
tout ce qui l'environne, & qui croit
ne lui devoir aucune consolation,
quand il n'en a reçû aucun secours.
Nous avons fait connoître ailleurs
que la sosieté est un commerce de
reciprocité, & qu'on ne peut exiger
de ses pareils, que dans la proportion de ce qu'on a fait pour eux. Le
mépris qu'éprouvent les gens oisifs,
naît encore du malheur qu'ils ont
presque tous de tomber dans quelque vice affreux, qui revolte tout
homme sensé. Enfin le dernier effet
de l'oisiveté, est que l'homme oisif
entre au tombeau avec le témoignage de n'avoir jamais vêcu que machinalement, & avec la certitude,
s'il veut se faire justice, que l'oubli
est le plus grand bienfait auquel il

puiſſe prétendre de la part de ceux qui lui ſurvivent. Cet effet eſt encore plus affligeant pour ceux dont les noms ſont deſtinés à tenir place dans l'hiſtoire. Si l'adulation les ménage d'abord , la vérité perce tôt ou tard ; & l'hiſtoire eſt remplie de caractères & de portraits qui devroient faire rougir de l'idée ſeule de l'oiſiveté. Heureux donc celui qui pourroit appercevoir d'aſſez loin cet écueil pour n'y pas briſer , & pour s'épargner ce nouveau tourment dans un moment où l'homme ſouffrant aſſez par l'idée ſeule de ſa diſſolution ,a d'autant plus beſoin de conſolations ſolides.

V. Portons nos vûes encore plus haut , & nous acheverons de ſentir combien cet état d'oiſiveté eſt un état de réprobation , en nous rappellant que l'auteur de la nature ne nous ayant point donné l'être ſimplement pour remplir la révolution d'un certain nombre d'années , mais

pour satisfaire à des devoirs con-
formes à notre origine, l'homme
oisif manque à toutes les parties de
sa vocation, & se rend coupable
non seulement de tout ce qu'il a
fait de mal, mais encore de tout
ce qu'il n'a pas fait de bien. L'oisiveté est donc un crime continuel
aux yeux de l'Etre suprême, qui nous
demandera un compte sévere des
motifs, des objets & des effets fu-
nestes d'un genre de vie si contraire
& si opposé aux vûes de sa sagesse
infinie. Il est inutile de porter plus
loin cette réflexion, elle a été suf-
fisamment dévelopée dans un autre Ouvrage où l'on traite des devoirs de l'homme. Tels sont donc
les caracteres distinctifs de l'oisiveté ; il suffit de les parcourir, pour
connoître qu'aucun d'eux n'est ap-
plicable à ce qu'on nomme le loisir. Il est vrai que tout loisir examiné dans les trois mêmes points
de vûes que l'on vient de traiter en

parlant de l'oisiveté, peut n'être pas louable, parce que tout loisir n'a pas un bon motif, & n'est pas bien employé; aussi ne méritera-t'il pas justement le nom de loisir, & il n'en paroîtra qu'une fausse apparence. Mais il peut être louable, tandis que l'oisiveté ne peut jamais être qu'un objet & un sujet de blâme, son nom seul emporte, pour ainsi dire, sa définition. N'est-ce donc pas avec raison que l'on a dit qu'il n'étoit pas possible de s'y méprendre, & qu'il suffisoit d'ouvrir les yeux pour distinguer l'homme plongé dans l'oisiveté, d'avec l'homme consacré aux douceurs du loisir. Cette différence se trouve bien marquée pour qui veut porter un regard d'impartialité sur les hommes vivans; car s'ils sçavent se rendre impénétrables sur leurs principes ou sur les mobiles de leur conduite, les effets les décelent infailliblement. Si je vois un homme enyvré de plaisir, ou enseveli dans l'ignorance , ne puis-je pas avec juſtice le mettre au rang des oiſifs ?

VI. Il eſt vrai que ceux qui ſe livrent à l'état du loiſir, ne le font pas tous par des motifs ſenſés : un dépit inconſidéré ; la vivacité d'un premier mouvement de mécontentement ; l'ennui peu fondé de ſon état ; un prétendu air de philoſophie ; un fond d'indolence enfin auquel on ſe livre trop légerement , tous ces motifs ne peuvent preſque jamais conduire à un loiſir heureux , le repentir ſuit de trop près. On voit tous les jours qu'un mouvement de reſſentiment s'adoucit , s'efface , & laiſſe un libre cours à des regrets pleins d'amertume ; que le même principe interieur qui produit dans les hommes l'ennui de leur état , fait qu'ils s'ennuyent bientôt de leur indépendance , au point qu'ils trouvent le ſujet de leur déſeſpoir où ils avoient crû d'abord trouver leur félicité; que ce qui paroît philosophie n'est souvent, à dire la vérité, qu'humeur ou misanthropie, lesquelles ne peuvent conduire à un sort heureux, parce qu'au fonds il n'y a aucun état où il soit possible de se séparer entierement des hommes, & de rompre tout commerce avec eux. On peut voir moins d'hommes, & par consequent en voir moins de mauvais; mais du plus au moins c'est la même espece; & cet éloignement que l'on a pû ressentir pour eux en de certaines situations, renaît & se reproduit dans une autre situation. Aussi rien de plus suspect que cette sorte de philosophie: on ne pourroit la tolerer que dans un homme qui seroit plus parfait lui seul que tous les autres: mais cet homme n'existe pas dans la nature; un homme peut avoir moins d'imperfections qu'un autre homme, mais il ne peut être plus parfait que tous

les autres enfemble : parce que chaque homme a quelque genre de fu-
périorité fur un autre homme ; en
forte que cette fauffe philofophie
doit être regardée comme un ex-
cès d'injuftice ou d'amour-propre,
d'où il ne peut rien réfulter pour
notre bonheur, dans quelque fituation que nous nous trouvions. Il
faut donc fe défier de ces mouvemens comme de confeillers dangereux, qui nous féduifent aifément
parce qu'ils flattent nos mauvais
penchans. Quiconque veut prendre
des partis folides & durables, leur
interdira tout accès auprès de lui.
L'humeur mene toujours les hommes trop loin, il en eft peu qui
fçachent la réprimer, & lui donner
de juftes bornes : & quand on n'eft
pas en garde contre fes attaques,
on contracte à la fin une dureté
de cœur & d'efprit qui rend infup-
portable dans la focieté. Or nous
naiffons pour elle, & les devoirs

de la focieté ne ceffent qu'avec
nous. Il y a eu dans tous les tems
& dans tous les états des Atrabilai-
res, & prefqu'aucun d'eux n'a été
exemt de méchanceté.

VII. Ce que l'on vient de dire
fur les motifs qui peuvent conduire
au loifir, fuffit pour montrer que
tout loifir peut ne pas avoir un objet légitime; il y a plus; c'eft être
coupable que de n'en avoir aucun;
on tombe alors néceffairement dans
quelqu'un des caracteres de l'oifi-
veté. Celui qui n'auroit en vuë que
de quitter fon premier état fans pen-
fer aux occupations & aux devoirs
de l'état de loifir, reffembleroit à
un voyageur qui commenceroit la
nuit un voyage par des chemins inconnus avec une lumiere ou qui s'é-
teint en route, ou qui ne peut étendre fes rayons que jufqu'à une me-
diocre diftance. L'état du loifir a
comme tout autre état fes obligations & fes devoirs : il faut les connoître

noître avant que de s'y livrer, fans
quoi l'on court rifque de ne pas
jouir du bonheur que l'on a efpéré.
Non que l'état de loifir ne foit par
lui-même, comme on le verra dans
la fuite, plus capable qu'aucun autre
de faire des heureux. Mais cet état eft
fi contraire au faux brillant qui occupe ou qui féduit; & les hommes
confervent fi ordinairement un efprit de retour pour ce qu'ils ont
quitté, quoique d'eux-mêmes, que
la détermination au loifir demande à être mûrement péfée; & qu'on
ne peut trop, avant que de s'y confacrer, fe mettre d'accord avec la
nature des objets folides du loifir.
Or cette efpece de conciliation exige ou fuppofe une exacte connoiffance de foi-même. Comment pourroit-on comparer enfemble deux objets, dont un feroit inconnu ? En forte que non feulement ce n'eft pas
une legere entreprife, mais qu'elle
peut être une des plus difficiles &

des plus équivoques. L'hiſtoire nous fournit une infinité d'exemples de cette vérité, dans les conditions, dont les attraits vrais ou faux ſont ſi éloignés de la paix du loiſir. Charles V. dans ſa retraite fut-il perſuadé qu'il eût bien compté avec lui-même ? il ſauva les apparences autant qu'il put ; mais il fut deviné plus qu'il n'eût voulu.

VIII. Sans cet examen, on eſt expoſé à voir les effets du loiſir diſparoître & s'évanoüir : ils conſiſtent à rendre l'homme heureux pour lui-même, utile ou agréable, ou l'un & l'autre pour ſes pareils. Tout loiſir qui ne produit pas ces effets ſi précieux & ſi déſirables, n'eſt l'effet que d'une fauſſe vocation, défectueuſe néceſſairement ou par la nature des motifs, ou par celle des objets qui l'auront déterminée. Il n'eſt point d'effet ſans cauſe, cela eſt de vérité démontrée ; & s'il arrive quelquefois que malgré une vo-

cation ainſi défectueuſe un homme
parvienne à ſe former un loiſir heureux, c'eſt un phénomene extraor-
dinaire; c'eſt l'effet d'un travail prodigieux de l'homme ſur lui-même,
ou plûtôt l'ouvrage de la main ſu-
perieure, à laquelle ſeule il appar-
tient de faire des heureux. En ſorte
que ce ſeroit réellement trop pré-
ſumer de ſoi, ou tenter la providence, que de ſe précipiter dans
l'état de loiſir, avant que de s'être
ſéverement examiné, & d'avoir fait
préceder de ſérieuſes réflexions ſur
un état, où plus que dans aucun
autre l'homme doit compter avec
lui-même. Or dans le petit nombre
de ceux qui ſe retirent du monde,
combien en eſt-il peu qui le faſſent
avec cet eſprit de ſageſſe que l'on
vient de propoſer, & qui ne ſe re-
pentent pas bientôt d'une réſolution qu'ils regardent comme l'époque de leur infortune, & qu'ils voudroient n'avoir jamais exécutée.

B ij

Est-ce la faute de l'état du loisir ?
non, sans doute, puisqu'embrassé
à propos, & employé sensément,
il rend nécessairement l'homme heureux : ce sera donc la faute de l'homme. L'arme de la meilleure trempe
& la plus sure, devient inutile ou
fatale même quelquefois à celui
qui ne la sçait pas manier. Il n'y a
rien dans la nature qui n'ait son utilité : mais ou on la méconnoît, ou
l'on en fait une fausse application,
& un mauvais usage.

IX. On peut achever de rendre
sensible la différence qui est entre
les deux états de repos que l'on
a voulu caractériser, par ce principe incontestable, que l'esprit
d'oisiveté, quand on s'y est livré,
est la situation la plus diametrale-
ment opposée à l'état de loisir, &
celle qui en éloigne le plus. Ce seroit vouloir arriver dans quelqu'en-
droit par un chemin qui en écarteroit, ou supposer que l'on est capa-

ble de faire bien un métier auquel
on ne s'est jamais essayé. Or il n'est
point de vocation qui plus que l'é-
tat de loisir éxige un noviciat ; &
ce noviciat est le travail & l'application à quelque chose pendant un
certain tems. En effet , si pour jouir
d'un loisir heureux , il faut pouvoir
se former un objet d'occupation
réelle quoiqu'arbitraire : comment
y réussir , si l'on a contracté
de bonne-heure l'habitude de ne
rien faire , ou si l'on est vuide de
toutes connoissances ; & dénué de
tous talens ? Rappellons - nous
combien les hommes sont peu
d'accord avec eux-mêmes , & nous
trouverons que celui qui aura eu
dans ses jeunes années le plus de
penchant vers l'oisiveté , & qui y
aura insisté , sera souvent celui qui
dans un âge mûr ou sur le déclin ,
aura le plus d'éloignement pour l'é-
tat de loisir. Ne nous en étonnons
point ; c'est ordinairement un cer-

tain cercle de paffions , ou l'efprit d'émulation, ou l'amour propre tou-jours peu dévelopé dans la grande jeuneffe , qui déterminenr au tra-vail & à l'occupation. Et ce font ces mêmes mobiles qui , portés trop loin , nous font enfuite rejetter toute idée de lôifir volontaire , parce qu'on s'enyvre dans fon état , & que les paffions , quand elles ont acquis un certain empire, appéfan-tiffent chaque jour davantage leur joug fur nous , & nous accompa-gnent jufqu'au tombeau. Si ce qu'on vient de dire peut au premier coup d'œil paroître paradoxe , je crois qu'il fuffit pour le comprendre di-ftinctement , de jetter les yeux fur le tableau du monde : l'on trouvera à chaque pas la vérité de ce paffage :

Stulti dum vitant vitia , in contra-
ria currunt.

X. L'homme qui eft attaché à l'argent , fe complaît dans les pre-

miers dégrés de son opulence ; &
comme il fait consister son bonheur
dans le progrès & l'augmentation
de ses richesses, il craint & fuit tout
état qui fournit moins d'occasions
de satisfaire une passion devenuë ty-
rannique. Proposez à cet homme
l'idée d'un loisir que vous lui pré-
senterez comme rempli de douceurs
& de charmes, peu s'en faudra qu'il
ne vous regarde comme son ennemi ; mais sûrement il ne suivra pas
votre conseil, parce qu'il croiroit
perdre réellement tout ce qu'il es-
pere d'acquerir encore.

L'ambitieux, qui, dans sa périlleuse
marche sur la rotie de fortune, ne
songe qu'à arriver au sommet qu'il
voit au-dessus de lui, ne réfléchit
point aux obstacles qui l'en sépa-
rent encore, ni aux revers qui le
peuvent en un moment faire tomber du dégré même auquel il est
parvenu. Enyvré de ses espérances,
il ne connoît d'état heureux, que ce-

lui qui entretient son yvresse; & le projet le plus éloigné de ses vûes, est celui du loisir. Son intrépidité n'est qu'aveuglement: tel est brave, parce qu'il ne connoît pas le danger, c'est le véritable portrait de l'ambitieux. On espereroit en vain de l'effrayer par les obstacles. *Il est beau même d'en tomber*, nous dirat'il: comme si la chûte devoit être d'autant plus brillante qu'elle seroit plus terrible.

L'homme accoutumé à la représentation & à l'appareil de la grandeur, ne croit point qu'il y ait de condition plus malheureuse, que celle qui pouvant écarter la foule des clients & des adorateurs, le laisseroit seul, pour ainsi dire, avec lui-même. Cet homme ne connoîtra jamais le loisir, sa vanité lui en ferme le chemin. Vous le verrez mourir, s'il est en son pouvoir, sur le théâtre d'où il n'a point voulu descendre. En vain lui représenterezvous que les grandeurs ne font qu'une fimple décoration, & qu'un inftant peut fubftituer tout-à-coup à l'éclat dont il s'applaudit, la plus trifte obfcurité. Vaines remontrances ! Ses yeux font éblouis. Nous trouverions la même vérité dans tous les différens états dans lefquels les hommes fe livrent trop aveuglément à leurs paffions ; mais il fuffit d'en avoir parcouru quelques-uns. Laiffons au lecteur le plaifir de fe faire à lui-même de nouveaux tableaux, pour fe convaincre par fa propre réflexion. Il y a l'ufage & l'abus des chofes : rien de plus louable, mais de plus rare que d'en ufer ; l'abus au contraire en eft très-commun, parce que la plûpart des hommes ont l'efprit gâté, & qu'à quelque état qu'ils paffent, ils y portent leurs défauts. Nos yeux font en vérité de vrais microfcopes, ou des verres à facette, ils voyent tout grand, ou tout multiplié.

L'homme facile à se séduire lui-même, ne trouve que trop de prétextes plausibles d'éloigner le moment du loisir. Des vûes qui ne sont qu'ébauchées, & qu'on croit devoir perfectionner; une fortune encore imparfaite, une nombreuse famille dont les desirs sont multipliés ; des enfans que l'on se figure avoir encore besoin pour assurer leurs établissemens des mêmes mains qui les ont formés ; les sollicitations d'une femme, qui souvent ne craint que la diminution de la représentation, ou le sort d'une vie retirée qu'elle regarde comme affreux ; les instances de parens qui croyent ne pouvoir se passer du crédit d'un chef de famille : combien ne trouve-t'on pas en soi ou dans ce qui nous environne de raisons bonnes peut-être jusqu'à un certain point, mais qui portées trop loin deviennent mauvaises, de se refuser aux idées de repos & de tranquillité. Et nos défirs, ou ceux des perſonnes dont nous regardons les intérêts comme nos intérêts propres, pouvant ſe multiplier à l'infini : il eſt rare que nous cherchions un port pour nous mettre à l'abri des orages, & pour ceſſer de combattre les caprices d'une mer fertile en écueils. Le matelot ne trouve point dans les tempêtes, de raiſons pour renoncer à ſon état. On s'accoutume aux dangers, & le bonheur d'y avoir échapé devient un titre pour les craindre moins. Comme on abonde toujours dans ſon ſens, on croit toujours avoir raiſon ; & la plûpart de ceux qui en de ſemblables occaſions prennent le parti de conſulter, ou ne cherſiſſent que des conſeillers dont ils ſont ſûrs, ou imitent ceux qui ne conſultent qu'après avoir déja pris des engagemens.

XII. On pourroit pardonner cet éloignement pour l'état du loiſir

à ceux , qui après s'être mûrement
& séverement examinés, sentiroient
qu'ils n'ont point en eux les ressources nécessaires pour se suffire à eux-
mêmes, ou que le tour de leur esprit seroit incompatible avec la vie
tranquille. Car en même-tems que
l'on croit devoir accorder plus d'estime à qui seroit capable de soutenir
un loisir sensé , & que le loisir pour
quiconque y est propre, est de tous
les états le plus heureux : on ne pré-
tend pas que cet état convienne à
tous les hommes, & l'on n'exige
pas qu'ils s'y livrent sans distinction;
parce qu'en matiere de résolutions
qui dépendent de l'interieur , il ne
peut y avoir de regle universelle.
Achille par un mouvement involontaire saisissoit une épée par-tout
où il la trouvoit ; le même Ulysse
qui le trompa auroit peut-être été
découvert par des mouvemens contraires. Tel homme vivra sans curiosité,& par consequent sans félici-

té au milieu de la plus riche Bibliotéque, où un autre trouvera son bonheur & ses délices. Mais on regardera toujours comme fort à plaindre, quiconque par quelque cause que ce puisse être, ne sera pas propre au loisir, parce que certaines situations y forcent quelquefois de bonne-heure ; parce qu'à supposer qu'un hazard forcé n'y conduise pas, les années nous amenent un jour nécessairement à cet état ; & que ceux qui ne sont pas capables de le soutenir, peuvent dès ce moment-là se regarder comme rayés du nombre des vivans, & comme rentrés dans le néant. Jugeons-en par l'ennui que la vieillesse éprouve d'ordinaire, & qu'elle porte dans la societé. A entendre la jeunesse, ceux qui sont dans ce cas ont, pour ainsi dire, tort de vieillir, ou ils devroient se cacher.

XIII. Mais si l'état du loisir est si triste pour ceux à qui il ne convient pas ; & si en vieillissant on y arrive malgré soi : il en résulte que l'homme sage doit toujours & de bonne-heure avoir cet objet présent, & se mettre en état de trouver son bonheur dans le loisir en quelque tems & de quelque maniere qu'il y puisse arriver. On se fait un point d'honneur de tout imaginer & de tout prévoir en des choses étrangeres. Pourquoi ne s'aime-t'on pas assez, & assez sensément, pour se rendre prévoyant sur des interêts aussi chers que ceux de son propre bonheur. Ce n'est donc pas seulement pour pouvoir mieux fournir sa carriere, mais pour suffire aux années de repos , que la jeunesse doit se livrer au travail & à l'application. Indépendamment de la nourriture que donne à l'esprit l'exercice de toute profession , les premieres connoissances en tout genre, après avoir été pendant la jeunesse un simple objet de satisfaction, deviennent dans les derniers tems de la vie un objet d'occupation réelle & suffisante pour remplir agréablement des jours libres de l'agitation attachée à la plûpart des conditions humaines.

XIV. Et comme l'esprit, en s'affoiblissant par l'âge ou par les fatigues & le travail, devient moins capable de certaines occupations trop fortes ou trop abstraites : il paroît qu'il ne suffiroit pas d'occuper la jeunesse à des choses élevées & de pure science. Il faudroit encore la former à des talens de goût & de simple amusement ; & ceux qui ont heureusement reçu ce genre d'éducation, en doivent dans tous les tems entretenir l'usage, afin d'en recueillir le fruit dans l'âge où se retirant du bruit du monde, on a besoin de substituer plusieurs sortes d'occupations à celle, qui par sa nature pouvoit remplir les jours, & occuper seule un homme tout entier.

A supposer même que l'on ne soit plus en état d'exercer ces talens, le goût qui en a été contracté, met à portée d'occuper agréablement les sens : les gens d'art sont toujours flattez du plaisir que produisent leurs talens ; & cela suffit pour leur en faire trouver en amusant les autres. Ce sont moins des rivaux que des connoisseurs que cherchent les gens à talens ; ainsi aimons-nous à converser avec ceux qui prennent du plaisir à notre conversation, soit amour-propre, ou tout autre sentiment. Telle est la nature de l'homme, & si l'on veut pouvoir trouver dans tous les tems des hommes qui cherchent à nous plaire, il se faut pourvoir de toutes les ressources par lesquelles on peut leur être agréable. Pour peu que l'on ait vécu dans le monde, on aura trouvé une infinité de personnes qui auroient volontiers sacrifié la moitié de leur fortune, pour avoir dans leur vieil-

lesse

leffe quelqu'une des reffources dont on vient de parler. Un peu plus ou un peu moins de richeffes n'eft pas ce qui dédommage du poids des années, parce qu'elles feules ne fuf-fifent pas pour charmer l'ennui qui affiege ordinairement la vieilleffe defœuvrée, & que l'ennui eft pour ainfi dire le feul poifon qu'elle ait à redouter. Confultons fur ce point beaucoup plus important qu'il ne paroît d'abord, ceux qui ont déja quelqu'experience de l'emploi du loifir. Il nous diront combien de pures bagatelles fourniffent quelque-fois de reffources équivalentes, pour les effets, à celles qui pourroient naî-tre des chofes les plus férieufes & les plus folides.

XV. Cette précaution n'eft pas utile feulement à ceux qui étant deftinez à une profeffion vive & pénible, fem-blent avoir befoin de plus de dédom-magemens que les autres hommes, lorfqu'ils entrent dans l'état de repos. Elle convient même à ceux qui se renferment dans la carriere la plus tranquille & la plus indépendante. Je veux parler des gens de Lettres. Tant que l'âge & la force du temperament le peuvent permettre, ils trouvent leurs délices dans le travail, souvent le plus âpre & le plus ingrat ; mais il vient un moment, où ce qui a fait un amusement devient une peine & une fatigue quelquefois insupportable. C'est alors que l'on sent le besoin de ces ressources dont on vient de parler, enforte que l'on peut dire que du plus au moins elles sont nécessaires à toutes les conditions & à tous les états. Heureux ceux qui dès qu'ils pourroient faire usage de leur raison porteroient leurs regards jusqu'au terme qui annonce leur fin. Ils travailleroient également pour leur satisfaction & pour le bien de la société, s'ils pouvoient de bonne heure se peindre à eux-mêmes tout

l'ennui que porte, même involontairement, aux autres le vieillard qui
en reſſent intérieurement les atteintes. Trop de foibleſſe accompagne
ordinairement la vieilleſſe pour qu'elle ſçache ſe faire juſtice à elle-même. Il faut avoir travaillé d'avance
à prévenir l'aveuglement que cette
foibleſſe occaſionne. Combien en
effet voit-on de vieillards qui s'i-
maginent être amuſans, où ils ne ſont
que ſoufferts à la faveur des années,
dont le nombre emporte toujours
une certaine conſidération? Et combien au contraire en eſt-il peu qui
ayent en eux de quoi ſe faire déſirer?
Il ne faut pour cela que parcourir la liſte de ceux avec qui l'on vit,
ou de qui l'on entend parler; &
quoique le dégoût que l'on a d'ordinaire pour la vieilleſſe ſoit quelquefois porté trop loin, il arrive ſouvent auſſi qu'il eſt merité.

XVI. Pour moi je voudrois que
les hommes partageaſſent le tems

de leur vie à peu près comme les
loix Romaines avoient distribué les
occupations des Vestales. Pendant
les dix premieres années, elles s'in-
struisoient de toutes les cérémonies
qu'elles devoient pratiquer. Pendant les dix années suivantes, elles
les pratiquoient elles-mêmes; &
après avoir rempli ces deux tems,
elles employoient dix autres années
à l'instruction des jeunes Vestales.
Il me semble que la vie des hommes ne pourroit être plus sensément
partagée; mais ils embrassent la plûpart un état avant que d'y être for-
mez. Réduits à apprendre leur métier en même-tems qu'ils l'exercent,
ont-ils trop de toutes les facultez de
leur esprit pour suffire à leurs devoirs? & faut-il s'étonner qu'ils ne
se livrent point à des réflexions qui
leur apprendroient la nécessité d'un
nouveau travail, auquel ils n'ont pas
le tems de vaquer? C'est tout ce
qu'on pourroit demander à un hom-

me supérieur pour ainsi dire à sa profession, & capable de multiplier les objers de son application, sans rien prendre sur ses principaux devoirs. Ne demandons pas aux hommes ce qui n'est point en leur pouvoir ; exhortons-les seulement à faire à propos les choses essentielles ; il y en aura encore assez pour les occuper.

XVII. De là vient en partie qu'il ne se forme point d'éleves pour aucun état, ni pour aucune profession. A raisonner suivant l'abus ordinaire : quand on le voudroit, on n'auroit pas le tems d'en former ; peu de gens même en auroient la capacité ; on ne pourroit donc esperer cet avantage pour le Public que de ceux qui se consacreroient au loisir ; mais presque personne ne s'y donne. En vain même espereroit-on que les hommes se réformassent sur cet article. Tout usage qui doit son origine à leurs défauts

naturels, ou au vice de leur éducation, est bien fort quand les loix ne
l'ont pas devancé. Il faudroit commencer par changer le systême de
la plûpart des Nations ; ce qui même dans la théorie seroit à peine jugé raisonnable. Mais dira-t'on, à
quoi sert-il de prêcher les avantages d'un loisir utilement employé ?
C'est se livrer à un travail infruc-
tueux, puisqu'il faudroit changer les
usages, détruire les préjugez, &
avoir affaire, pour ainsi dire, à des
hommes nouveaux. Je conçois qu'en
peignant les hommes tels qu'ils devroient être, on est bien éloigné
de les peindre tels qu'ils sont ; mais
de l'une comme de l'autre méthode on peut tirer de l'instruction.
Faire en beau des peintures genera-
les du peu d'hommes qui le meri-
tent, est un moyen de gagner les
autres par les attraits de la vertu.
Representer le vice dans toute sa lai-
deur ; c'est-à-dire, peindre ce qu'est

le plus grand nombre des hommes,
peut aider à retenir le penchant
vers le mal. Tous ceux des Anciens
qui ont écrit des Ouvrages philo-
sophiques & moraux n'ont pas es-
peré de réformer le genre humain,
qui à peu de chose près ne valoit
pas mieux alors qu'à present ; mais
ils ont semé au hazard de ne pas recueillir, & ils jouissent au moins de
cet avantage, que tous les jours on
emprunte leurs autorités pour accréditer les leçons salutaires aux hommes. Il faut même convenir qu'on
y trouve le fond de tout ce qu'on
peut dire de bon aujourd'hui ; mais
chaque siécle, chaque nation a eu
ses mœurs differentes. La beauté, de
quelque façon qu'on l'habille, est
toujours beauté ; mais elle plaît plus
sûrement quand ses ornemens approchent davantage du goût régnant.

XVIII. Le loisir n'est utile,
qu'autant qu'il est bien employé ;
c'est alors seulement qu'il peut être

avantageux à l'homme qui s'y livre & à la focieté génerale dont il eſt membre : enforte qu'un loiſir avantageux dans la plus grande étenduë du fens que ce mot peut avoir, ou un loiſir bien employé, c'eſt-à-dire la verité, une feule & même choſe, puiſqu'ils ne peuvent être conçus féparément. Quatre indications font connoître avec certitude que le loiſir eſt avantageux à celui qui l'embraſſe ; c'eſt lorſqu'il le rend heureux ; qu'il lui apprend à fe connoître ; qu'il opere fa réformation ; & qu'il le perfectionne. Tels font du plus au moins les fruits du loiſir proportionnément à l'aptitude que l'on y a, & à l'emploi que l'on en fait ; la qualité de l'arbre, quelqu'indication qu'on en puiſſe avoir d'ailleurs, ne fe connoît jamais mieux que par ce qu'il produit ; & l'homme eſt ordinairement pour un autre homme une eſpece de miroir fur lequel tous les objets fe repreſentent,

XIX. La plûpart regardent le sentiment intérieur de bonheur comme une chofe de pure opinion ; on
dit que qui fe croit heureux l'eft en
effet ; & cette efpece de maxime,
dont les preuves ont occupé tant
de Philofophes & d'Auteurs moraux, a paffé pour inconteftable ;
elle n'eft cependant vraie que jufqu'à un certain point. On peut
en général fe croire heureux ; mais
l'homme qui le croit davantage
éprouve fouvent que même pour
fon opinion il lui manque quelque
chofe. C'eft un point qui ne fe peut
déterminer que par comparaifon.
Tel qui a peu & qui défiroit peu,
eft plus heureux que celui qui ayant
beaucoup, a encore plus défiré qu'il
n'a pu acquerir. Philippe, Roi de
Macédoine, étoit content de l'hé-
ritage de fes peres ; il lui fuffifoit de
contenir la Grece dans fes juftes bor-
bornes. Alexandre avoit conquis l'A-
fie entiere, les bords du Gange fuffi-

foient à peine à fon ambition ; il n'é-
toit pas affez fûr d'être fils de Jupi-
ter Ammon pour être parfaitement
heureux. En général on paffe fa vie
à fe croire tantôt heureux, & tantôt
malheureux. Ici la mefure des défirs
fait celle de l'opinion ; il fe pourroit
qu'en tout état cette alternative feroit inconnuë, s'il y en avoit quelqu'un, dans lequel, exempt des grandes paffions, on pût ne dépendre que
de foi ; mais l'idée d'un pareil état
eft une idée chimérique. Quelque
principe ou quelque opinion d'indépendance que l'on ait au-dedans
de foi, on dépend toujours de quelque chofe, ou de quelqu'un. Le foin
d'une fortune qui n'eft jamais exempte de traverfe, ou fi l'on eft conduit par des vûës plus pures, le vif
interêt qu'on prend au fuccès des
chofes dont on eft chargé, & qui
roulent fur nous, ne fuffit-il pas pour
faire notre tourment? Et y a-t'il rien
qui puiffe nous en mettre à l'abri ?

Il est donc vrai seulement qu'on est heureux dans le moment où on croit l'être ; mais ce sentiment peut n'être que passager , parce que quelqu'envie qu'on ait intérieurement de se trouver toujours tel, il arrive mille choses qui nous forcent à changer d'opinion. La condition des Souverains mêmes en est moins exempte que toute autre condition. Auguste succedoit à l'usurpation , & trouvoit des cœurs rébelles. Tibere étoit plus absolu ; mais c'étoit aux dépens de son repos intérieur ; mais revenons à la vie privée.

XX. Toute condition qui a un objet éloigné , ou dont les objets peuvent se renouveller ou se multiplier souvent , ne peut jamais operer notre bonheur tant que nous sommes dans la carriere ; je ne suppose même pas que nous soyons agitez d'aucune de ces passions, qui font nécessairement le malheur des hommes , parce qu'étant insensées &

de nature à ne pouvoir être jamais
satisfaites, elles reſſemblent à cette
chimere monſtrueuſe qui étoit ſi difficile à combattre, & encore plus
difficile à vaincre. Mais on eſt toujours conduit par un objet particulier; quelque carriere que l'on commence à courir, on n'y entre point
ſeul. Ceux qui y entrent avec nous,
ſont autant de concurrens occupez
à nous diſputer la victoire. Combats
réciproques; ſtratagêmes continuels,
ruſes ſouvent condamnables, vertus à
combattre, vices & méchancetez à
redouter, coups de hazard à prévenir ; tout cela forme autant de ſujets
de trouble & d'agitation. Peut-on
être heureux dans l'effort d'une lutte
auſſi vive & auſſi dangereuſe ? &
peut-on le devenir avant que d'être
arrivé au point de ſuſpendre ſes
armes ſuivant l'uſage des anciens
Athletes ? Une ſeule défaite, au
moins dans notre opinion, ternit
la gloire des victoires qui l'ont pré-

cédée, & fuffit pour nous rendre malheureux.

XXI. Si on ne craint point de con-currens dans la carriere que l'on court, ce qui eft difficile à imagi-ner ; on dépend encore de mille ha-zards que la prudence humaine ne peut prévoir, & aufquels fouvent elle n'eft pas plus en état de remé-dier ; il fuffit, pour redouter l'in-fluence du hazard, de voir par les exemples de nos pareils, que ces hazards ont quelquefois arreté & même détruit les fuccès les plus ap-parens. Or il fuffit de craindre quel-que chofe, pour regarder l'objet de nos craintes comme un obftacle à notre félicité. Car le vrai bonheur, ou la vraie tranquillité confifte à ne rien craindre, ou à ne rien défirer, ou du moins à ne recevoir des ob-jets de crainte ou de défir aucun trouble intérieur dans tous les états de la vie. Cependant ces objets ne manquent jamais ; la viciffitude des choses humaines en rend la source intarissable. Si l'état de loisir ne nous en met pas totalement à l'abri ; il est au moins le seul où l'on puisse apprendre à se prémunir par ses réflexions contre les agitations intérieures. Or a-t'on le tems de réfléchir au milieu des occupations du monde. A peine les jours suffisent-ils au travail & aux mouvemens qu'elles exigent ; les momens de délassement, loin de pouvoir être regardez comme un tems de repos, ne sont, pour ainsi dire, qu'une étude & une préparation à de nouveaux combats. L'amour de son métier, si nécessaire cependant pour y réussir, est même, à l'envisager dans l'esprit dans lequel on parle ici, une blessure que nous portons sans cesse avec nous ; blessure, dont la douleur nous accompagne par tout, & qui, comme l'hydropisie, ne guérit point, *nisi causa morbi fugerit venis*. La vie occupée est donc, pour ainsi dire, un

combat continuel ; on n'y rempor-
te que des demi-victoires, dont chacune attire de nouveaux affauts, &
l'on meurt prefque toujours vaincu.

XXII. Il n'eft perfonne qui n'ait
formé quelque entreprife intéreffan-
te, & dont les fuccès ayent été équivoques ou tardifs ; Qu'ils nous di-
fent de bonne foi, ceux qui fe font
trouvez dans ces circonftances, ce
que leur ont couté les momens de
doute ou de retard, & l'agitation
qu'ils ont reffentie dès l'inftant qu'ils
ont conçû un deffein qu'ils ont fuivi;
la formation du projet; la vivacité
avec laquelle on s'y affectionne malgré foi; le foin des premieres mefures pour executer le travail méca-
nique, pour accorder tous les refforts
de la machine; l'impatience que l'on
éprouve avant que tout foit en ordre ; les nouveaux foins dont on
s'occupe pour affermir l'ouvrage
dans le tems même du fuccès. A-
t'on été un feul inftant tranquille ?

A-t'on joui d'un feul inftant de repos ? La joie même du fuccès n'eft-
elle pas combattuë & affoiblie par
de nouvelles inquiétudes ?

XXIII. En effet, plus l'entreprife a été grande, plus elle a été difficile ; & plus on craint tout ce qui
peut en ébranler la durée ; on a pâli
à la vûe des obftacles qu'on a envi-
fagés, on pâlit encore à la vûë des
contretems qui peuvent faire tomber nos lauriers, & nous arracher
une victoire mal affurée. Nouveaux
travaux, nouveaux projets pour mettre fes fuccès à l'abri des revers ; une
machine a prefque toujours befoin
au moins dans notre imagination
d'une autre machine pour s'étayer ;
& comme il y a fans doute plus de
chofes capables de détruire que de
propres à élever, on fe fait mille rai-
fons pour une de fe tourmenter ;
on trouve toujours de quoi fonder
ou juftifier fes craintes ; on en eft
occupé fans ceffe, & l'on paffe fa
vie

vie à prévenir des maux & des in-
conveniens , parmi lefquels celui
qui arrive eft bien fouvent celui
qu'on n'a point prévû , & contre
lequel on eft demeuré fans défen-
fe. Ce trouble ne feroit pas éton-
nant dans ceux qui forment des en-
treprifes injuftes ou témeraires ; le
fort ordinaire de l'injuftice & de la
témerité , fur-tout dans les premiers effais, eft de trembler, & d'ê-
tre mal affurées , mais ce trouble a
lieu auffi dans les occafions les plus
fimples & les plus naturelles.

XXIV. Le tourment & l'agitation font bien plus vifs , lorfque
dans la pourfuite de fes deffeins ,
au lieu de longueurs & de retards
on effuye des traverfes & des obftacles. De combien de mouvemens
irréguliers & violens nos cœurs ne
font-ils pas fufceptibles , lorfqu'un
hazard imprévû vient renverfer en
un moment l'ouvrage qui fembloit
le plus folidement conduit ? Nou-
D

velles batteries à former, nouveaux efforts à tenter, nouveaux reſſorts à faire mouvoir, nouvelles & plus vives craintes qui naiſſent des premiers mauvais ſuccès. Que de rancune & de reſſentiment contre ceux que nous ſçavons ou que nous croyons être les auteurs de notre déroute ! Que de ſoins pour déſarmer leurs mauvaiſes intentions, pour émouſſer leurs traits, pour tourner contre eux leurs propres armes, pour les détruire à leur tour, & ſervir la fauſſe & trompeuſe eſperance de ſe conſoler par la vengeance. Tel eſt le tableau véritable de ce qui nous occupe, tandis que nous courons la carriere du monde. Nous ne nous appercevons pas toujours de ces agitations dans le moment même que nous les é-prouvons, parce que l'objet que nous ſuivons eſt ce qui remplit le plus notre eſprit ; mais le combat fini, & la chaleur paſſée, alors nous sentons nos blessures. Aussi entendons-nous dire , j'ai réussi , mais je l'ai bien acheté. Quoi de plus propre à corriger tant d'insensés que la comparaison si inégale de l'objet , & de ce qu'il a coûté.

Les situations les plus brillantes ne sont pas exemtes des mêmes troubles , & chaque état entraîne ses peines.

XXV. Représentons-nous , par exemple , un homme de guerre , chargé par sa place de la conduite d'un grand dessein, dont le succès dépende toujours des differens instrumens qu'il est obligé d'employer. Par l'inquiétude inseparable de la multiplication nécessaire des moyens , il porte à la fois tous les differens poids qui sont répartis entre tous ceux qu'il occupe à l'exécution du projet qu'il a conçû , & à laquelle sa propre gloire est attachée ; il n'a pas un moment de paix jusqu'à l'évenement ; & alors

de nouveaux soins naissent & viennent répandre de l'amertume sur les
instans les plus flatteurs : un premier
succès est un sujet de critique contre lui, s'il ne sert pas à en préparer de nouveaux : si ces projets sont
vastes, ou s'ils ne réussissent pas,
celui qui les a formés passera pour
visionnaire ; on oubliera ce qu'il a
fait de bien, pour ne songer qu'aux
suites qui n'ont pas rempli les es-
perances qu'on avoit conçues. On
fera rouler l'évenement sur lui, parce que la plûpart des hommes sont
injustes : & s'il réussit, il sera sans
aucune proportion moins loué qu'il
ne seroit blâmé, s'il avoit échoué,
parce que le même amour-propre
qui fait de nous des louangeurs
outrés, nous rend des critiques
amers. Toutes ces réflexions repas-
sent alternativement dans l'esprit de
celui qui est chargé de la conduit-
te d'un grand dessein ; & le trouble
qu'elles lui causent, devient encore

plus grand lorfqu'il fe rappelle qu'il a , pour ainfi dire , en fes mains le fort de fon maître & celui de fa pa-trie. L'importance des objets eft un nouveau tourment pour qui eft re-fponfable des évenemens. Nous étonnerons-nous qu'avec la foiblef-fe inféparable de l'humanité , il y ait tant d'hommes qui ne foient point affez forts pour le fardeau qu'ils portent ? Et croira-t'on que le vrai bonheur foit fait pour eux ? Combien de momens fâcheux & défolans pour un moment qui foit flatteur ! il faut l'avoir éprouvé pour le fentir dans toute fon étenduë ; & je fuis tenté de croire que ceux qui ont pris foin eux-mêmes d'écrire leurs actions militaires , & qui l'ont fait avec enthoufiafme , reffentoient encore un refte des agitations dont ils avoient été faifis dans la chaleur de l'action.

XXVI. Il en fera de même de tout homme public , dont le fuffra-

ge peut décider fur la détermination des grandes affaires : plus il ai-
mera le bien & fa propre gloire ,
plus la confideration de l'avenir l'a-
gitera , & plus auffi l'incertitude de
l'évenement le tourmentera ? Ref-
ponfable pour ainfi dire des confeils
qu'il donne, combien n'a-t'il pas à dé-
liberer avant que de fe fixer lui-même? Quelle attention n'exigent pas de
lui le choix des inftrumens pour l'exe-
cution , & la maniere de les diriger !
Et au moment qu'il croira avoir ima-
giné & pris toutes les précautions
poffibles , il trouvera peut-être quelqu'un qui le convaincra qu'il en a
encore oublié quelqu'une : quelle
matiere de reproche pour lui ! & fi
le fuccès n'eft pas favorable , ne s'en
prendra-t'il pas à lui-même ? Dès-
lors ne fe range-t'il pas au nombre
des malheureux ? Un Antonio Pe-
rez , un Ximenez , un Richelieu , un
Mazarin ont-ils ceffé de fentir le
poids de cette vérité , d'autant plus

frapante pour eux , qu'ils ont été
grands hommes d'Etat ? En vain
cherche-t'on à s'étourdir : le serpent
eſt caché ſous les fleurs , & ſon poi-
ſon eſt plus efficace que tout l'an-
tidote que nous pouvons trouver
dans notre raiſon , ou dans notre
amour-propre.

XXVII. S'il étoit poſſible de parcourir tous les états & toutes les conditions, nous n'y verrions autre choſe que l'apparence du bonheur , ou
plûtôt nous y trouverions toujours
les mêmes agitations déguiſées ſous
differents maſques. C'eſt pour ainſi
dire , une maladie genérale , qui,
ſelon la difference des tempéramens, ſe décele par des ſimptômes
différens : & comme le mal eſt au
dedans de nous , c'eſt-là ſeulement
que le remede doit ſe chercher, &
qu'il peut ſe trouver. Dans toutes
les profeſſions que l'on embraſſe ,
on a en vûë des honneurs ou des
richeſſes : que ne coûtent point les

D iiij

honneurs & les richesses à acquerir ? faussement pourroit-on se flatter de les désirer avec modération. Les hommes ne souhaitent ni foiblement ni à demi ; leurs passions s'échauffent à mesure qu'elles agissent, & bien plus rapidement que l'accelération du mouvement ne s'opere : ils s'irritent involontairement, s'ils voyent dans la même carriere quelqu'un qui leur semble avoir plus de bonheur qu'eux. Et cet homme qui aura peut-être joué plus heureusement, croira lui-même en voir un autre encore plus fortuné. C'est ainsi que du plus au moins, & de l'un à l'autre, chacun trouve de quoi se tourmenter, parce qu'on ne se compare jamais avec ce qui est au-dessous de soi. L'homme de cabinet lui-même, quand il en fait profession, n'est pas entierement à l'abri de cette espece d'irritation interieure ; il blanchit dans la poussiere des livres pour

se faire un nom & une réputation ;
il se croit malheureux, si quelqu'autre qui peut-être aura eu moins de
peine vient à le primer & à enle-
ver les suffrages du public : ou s'il
excelle réellement , il se sentira
troublé par la seule témerité de
quelqu'un qui aura eu l'amour-propre de vouloir se mettre en paral-
lele avec lui , & d'oser lui dispu-
ter au temple de mémoire une place pour laquelle il croyoit ne devoir point avoir de concurrens.

L'émulation degenere facilement
en jalousie, parce que le seul amour-
propre est presque toujours le principe de l'émulation. Or cette jalousie n'épargne ni âges , ni conditions ; & son poison violent autant que subtil , porte par-tout une
mort assurée. Il n'en seroit pas de
même si l'émulation n'avoit pour
objet que l'amour de bien faire : dé-
gagé de tout interêt personnel, alors
on iroit peut-être jusqu'au point de

sçavoir gré à celui qui se rendroit plus utile que nous au public ; mais n'attendons pas de l'homme une si haute perfection, ce seroit beaucoup qu'en ce point la balance fût égale.

XXVIII. Faisons-nous, vis-à-vis du portrait que l'on vient de tracer, l'idée d'un homme qui terminant sensément une carriere honnête, se voue à la vie tranquille ; qui après avoir mis ses enfans au point de remplir eux-mêmes un état, n'a plus qu'a être spectateur de leurs succès ; qui après avoir établi aussi solidement qu'il l'a pû une fortune faite légitimement, n'a plus à s'occuper que du soin de la conserver ; qui après s'être fait des amis n'a plus qu'à jouir de la douceur de leur societé ; enfin qui tiré hors du rang des Luteurs, n'a plus à craindre le poids du ceste ; il me semble que c'est à ce dernier tableau qu'il faut s'arrêter pour trouver la vraie image du bonheur solide & réel. Ce bonheur n'eſt dans aucun des états de la vie dont on a parlé, puiſqu'il n'y a dans tous ces états que trouble & qu'agitation. Il y a cependant des hommes heureux : ce ſont donc ceux qui ſçavent & peuvent ſe donner au repos, & en faire un bon uſage. Quand ceux-là ſe croyent heureux, ce n'eſt point une ſimple opinion variable, ou qui tienne du preſtige, c'eſt un ſentiment fondé ſur la vérité, & qui ne dépend point de la viciſſitude des évenemens. Un homme dans cet état eſt comme un rocher que les vagues battent inutilement, & qui reſte immobile au milieu des flots. Nous trouvons tout le caractere de cette tranquillité dans une infinité d'ouvrages anciens, enfans du loiſir, qui nous peignent dans leurs auteurs des gens heureux jouiſſant de la paix du cœur, & du repos de l'eſprit, & dont les peintures ſont toujours raviſſantes : nous avons même de ces ouvrages faits au sein de l'adversité. Le plaisir de les lire doit nous faire juger que le tems où on les a composés, a été un tems de délices.

XXIX. Rien ne fait sentir plus vivement le prix du bonheur, que la connoissance & l'experience de l'adversité. Un homme qui n'aura jamais été dans la disette, ne goûtera qu'imparfaitement ce que vaut l'abondance; & il faut avoir essuyé des revers pour mieux goûter la bonne fortune; parce que, quelque peinture que l'imagination se puisse faire, & quelque loin qu'elle la porte, communément elle n'approche pas du vrai, ou ne le rend pas exactement. On se fait, par exemple, une image épouvantable des horreurs d'une mer orageuse; le Pilote les connoît beaucoup mieux, ces horreurs, que tout autre homme aidé même du secours de l'imagination la plus vivement frapée. N'est-ce donc pas là la situation de tous tant que nous sommes ? Quand nous sommes assez heureux pour embrasser l'état de loisir , nous pouvons goûter le même plaisir dont l'arrivée au port saisit l'homme qui a fait une longue navigation ; & nous le trouvons doux à proportion que la carriere que nous avons couruë a été vive & agitée : parce que tout est, ou peut être objet de comparaison , & se juge par-là. Peut-on penser que le moment de fermer les portes du Temple de Janus, ne fût pas un moment délicieux pour Auguste. Et les grands hommes de la République Romaine qui étoient appellés pour un tems limité au commandement des armées, retournés à la vie privée, n'en devoient-ils pas mieux que d'autres sentir les douceurs ?

XXX. En effet, il faut avoir éprouvé tout ce que coûtent à suivre & à exécuter les vûës que l'on s'est

formées , pour sentir le bonheur
qu'il y a à avoir mis un terme à ses
désirs. Il faut avoir connu toute la
douleur qui accompagne un revers,
pour goûter la douceur de n'en
avoir plus à craindre. Autant que
l'on a été assujetti à la triste nécessité des mouvemens & des démarches forcées , autant goûte-t'on la
satisfaction de n'avoir plus de sujettions & de devoirs de commande
à subir. Quand on a été dans un
état de dépendance & de subordination, en quelque genre que ce soit,
on jouit avec délices du bonheur de
ne dépendre plus , pour ainsi dire,
que de soi , & de n'avoir plus en
un sens de maître que soi-même.
Plus on a essuyé le tourment de la
gêne & de la contrainte , plus les
charmes de la liberté sont sensibles
& saisissans. Lorsqu'on a passé ses
jeunes années à travailler pour des
interêts toujours étrangers , quelque raprochés qu'ils soient de nous,

on trouve de la délectation dans l'idée que l'on ne travaille plus que pour soi. Ces differentes situations sont trop opposées pour que le vrai bonheur puisse être également dans les unes & dans les autres, parce que la vérité est une, & ne peut pas en même-tems résider dans les deux opposés.

XXXI. On a vû où la vraie félicité n'est point; il est aisé d'en conclure où elle peut se rencontrer. Mais c'est ici que l'homme a essentiellement besoin de lui-même : car si le loisir est réellement le seul état où l'homme peut être heureux, il faut qu'il n'ait rien en lui-même qui fasse obstacle à son opinion, ou à la réalité des ressources du loisir. En effet dès que nous supposerions un homme gâté par le commerce des autres hommes, un homme qui eût adopté leurs travers, leurs vices, leurs fantaisies, qui fût devenu avec eux, ou sur leurs exem-

ples avide , jaloux , ambitieux , ce
qui n'est que trop commun , il ne
trouvera point d'abord son bonheur
dans l'état de loisir ; aussi ne le choi-
sira-t'il pas volontairement. Mais je
suppose ici un homme qui se soit
conservé pur au milieu de la cor-
ruption generale ; un homme qui
se soit voué à un état , seulement
parce qu'il y a un tems destiné au
travail ; mais sans oublier qu'il y en
a un autre qui raisonnablement doit
être consacré au repos : il me paroît
impossible qu'un tel homme ne trouve pas son bonheur dans l'état du
loisir , dès l'instant qu'il commence
à s'y livrer , & qu'il en sçait faire
usage. Le premier sentiment qui
lui fait trouver son bonheur, est l'a-
mour de la liberté. Quoique l'auteur
de la nature ait donné aux hommes
les qualités propres pour soutenir
le poids de la dépendance, il les a
cependant faits en general pour être
indépendans. Il ne faut , pour en

connoître

connoître le prix , que parcourir
l'hiftoire des Républiques qui ont
exifté depuis les tems connus ,
on verra combien le mot feul
de liberté leur fut cher , comme l'efprit en étoit gravé dans le
cœur des peuples , & combien la
tyrannie a eu d'efforts à faire pour
affujettir les Etats fondés fur ce principe. Ce que le corps de toute République a été , chaque particulier
l'eft à l'égard d'un autre ; en forte
que l'on peut dire que l'état d'indépendance eft le plus conforme à
notre nature , & par conféquent
que tout ce qui nous en rapproche ,
ou nous y ramene , eft ce qui peut
le mieux opérer notre bonheur. Or
cette indépendance , nous ne l'ac-
quérons réellement, autant que nous
la pouvons avoir , que dans l'état
du loifir ; on dit autant que nous
le pouvons , parce qu'il y a un
genre de dépendance qui ne peut
& qui même pour le bien de la fo-

cieté ne doit jamais ceſſer, je veux
dire celle de Dieu, du Souverain
& des Loix. Ces genres de dépen-
dances ſont de droit étroit & n'ont
rien de gênant, parce que notre
origine rend l'une néceſſaire, &
que notre ſituation & les devoirs
de notre naiſſance rendent l'autre
convenable & utile ; & d'ailleurs
cette derniere peut être regardée
comme une application du précep-
te & du droit naturel. Ces trois
genres de ſujettion ont toujours
fait l'appui le plus ſolide des Etats ;
& l'oubli de ces trois devoirs, dont
l'idée ne doit jamais être ſéparée,
a conduit les plus grands établiſſe-
mens à leur ruine.

XXXII. L'indépendancè dont
on veut parler eſt celle de nos pareils ; ſi elle n'exiſte jamais phyſi-
quement, elle peut au moins exiſter
moralement, ſelon la ſituation où
l'on ſe trouve & la maniere dont
on ſçait penſer. L'homme qui n'am-

bitionne point les honneurs n'a pas besoin de solliciter le crédit & la faveur des plus puissans. Celui qui ne recherche point les emplois n'a pas besoin de plier le genou devant ceux de qui émanent les graces. Qui n'est point avide de fortune & de richesses, n'a point à compter avec ceux dont la société pourroit augmenter ses biens. Qui ne fait point une profession expresse des titres dont il attend un grand relief dans l'ordre public, n'est point obligé d'aller humblement quêter les suffrages & les applaudissemens d'hommes qui souvent lui sont très-inférieurs à beaucoup d'égards. Croit-on que les anciens Philosophes qui ne comptoient qu'avec la vertu, chacun selon le système qu'il s'en faisoit, que ces braves Romains dans les tems qu'ils s'estimoient assez honorez d'un seul combat dans le cours de leur vie, & qu'ils se cachoient ensuite au fond des campagnes qu'ils cultivoient de leurs mains, se regardassent comme asservis à rien de semblable. Telles sont les sujettions dont nous affranchit l'état du loisir ; on n'y a besoin des autres hommes qu'autant qu'on le veut bien ; on n'est avec eux qu'autant que cela est conforme à notre goût ; on n'est même si on le désire qu'avec ceux vers lesquels notre cœur libre dans ses mouvemens nous conduit. Des convenances, des bienséances, des vûës particulieres n'exigent plus que nous portions notre encens sur des Autels qui nous en paroissent peu dignes. Avantage bien grand pour un homme sensé qui doit regretter amerement le sacrifice d'une offrande mal meritée, & qui par conséquent doit trouver une grande douceur à ne rendre des hommages & des devoirs qu'au gré de son cœur.

XXXIII. La même raison qui

nous difpenfe d'aller chercher des
hommes que nous fuirions peut-
être, dès que nous pourrions ne fui-
vre que notre penchant, nous procure la même liberté fur le choix de
ceux que nous admettons à notre
focieté, parce que cette liberté ne
peut pas exifter, fans que fes effets
foient en même tems actifs ou paf-
fifs. Heureux l'état où l'on n'eft
point affujetti à la fâcheufe bien-
féance de tenir fa porte ouverte à
quiconque veut y venir fraper, uniquement en vûë de lui-même, &
qui croit être en droit de la voir
s'ouvrir au premier fignal! Quel
tourment d'être obligé d'écouter
patiemment & fans révolte exté-
rieure le langage de la vanité & de
la fatuité, ou de fauffes confiden-
ces, ou des menfonges, ou des
propos infidieux! Quel bonheur,
au contraire, de pouvoir écarter
toute focieté embarraffante ou fuf-
pecte, ou mal fûre! Le cœur re-

couvre ou revendique dans le loisir sa liberté naturelle. Il se donne à ce qui lui plaît, il n'admet que ce qui lui convient, & ses mouvemens ne font plus contraints par les attentions que le commun des hommes ne peut estimer loix de sagesse & de prudence, que parce qu'il y a une infinité de chofes fort raisonnables cependant en elles-mêmes, que la méchanceté ou le caprice des hommes avec qui l'on est obligé de vivre, ne permet pas de faire impunément & fans inconvénient. Quoi! parce qu'un homme est puissant, parce qu'il peut servir ou desservir, il faut être continuellement sous le masque ; il faut que victime de la différence des situations, on figure de l'ami avec ceux que l'on déteste au fond du cœur, & qui font rougir en secret des caprices de la fortune ? Non ; le loisir est préférable, & il suffit pour qu'il opere le bonheur des hommes, qu'il puisse les affranchir de cette horrible servitude. Dans tous les tems il y a eu des insensés ; mais aussi dans tous les tems il y a eu des hommes sages ; la différence des mœurs & la multiplication des besoins vrais ou imaginaires , ont augmenté le nombre de ceux de la premiere espece.

XXXIV. S'il est vrai que notre entrée dans la carriere du loisir soit un terme à nos désirs & à nos vûës, il suit nécessairement que ceux que nous recherchons , doivent se persuader que c'est le seul sentiment qui nous conduit vers eux, & que le plaisir que nous paroissons prendre à leur societé est sincere , pur & désinteressé ; c'est alors l'amitié que nous allons solliciter par l'amitié même. Voilà ce qu'est en droit de penser un homme qui retiré du monde & de ses agitations , se voit recherché par ceux qui viennent partager sa retraite. Telle étoit sans doute la satisfaction que goûtoient ces anciens Philosophes de la Grece, ces Jurisconsultes si fameux de Rome, qui voyoient leurs maisons remplies, quand ils le vouloient, par ceux qu'y amenoit le respect pour la morale, la vertu, ou la sagesse legislative. L'homme devenu inutile, pour ainsi dire, aux autres humains, au moins pour des vûës d'intérêt, ne doit qu'à lui-même & à son personnel les avances qu'on lui fait. Personne ne partage avec lui un honneur qui est en quelque maniere son bien exclusivement à tout autre, ainsi que Ciceron, quoique peut-être avec trop d'adulation félicitoit César de ce que la fortune ne pouvoit partager avec lui aucune portion de sa gloire. L'hommage est personnel; l'homme qui le reçoit en est le seul objet, & il recueille alors le fruit le plus délicieux qu'on puisse retirer du soin de se faire des amis, de méri-

ter une bonne réputation, & d'acquérir l'estime publique pendant le
tems qu'on a vécu dans le tourbillon du monde ; avantage que n'a
point celui qui a abusé de son crédit ou de sa fortune. On se venge
de celui-ci par le mépris & l'aban-
don.

XXXV. C'est en effet ce qu'é-
prouvent ordinairement ceux qui
semblent n'avoir travaillé qu'à réü-
nir contre eux la haine du public,
ou qui s'étant dépouillés de tous
remords & de tout scrupule n'ont
dû leur fortune qu'à des moyens
illicites. Les premiers ne trouvent
au sein du loisir que les horreurs
de la solitude , parce qu'on peut
les croire encore atteints du même
esprit de méchanceté ; les autres
ne peuvent prétendre à aucun commerce & à aucune consolation de
la part des gens de bien. Des gens
purs croiroient partager aux yeux
du public la mauvaise réputation

de celui avec qui ils paroîtroient
en societé ; c'est par cette raison
& non par la faute de l'état du
loisir , pris en lui-même, que tant
d'hommes ne trouvent pas leur
bonheur dans la retraite. En effet,
le bonheur ne consiste pas dans la
nombreuse foule d'importuns oisifs
ou intéressés ; mais comme on l'a
dit , dans le choix d'un petit nombre de personnes qui rendant la
vie agréable , fassent couler rapidement les jours. On s'explique
librement sur le compte de ceux
qui ont cessé de vivre ; on agit
aussi sans contrainte avec ceux dont
par leur situation on n'a plus rien
à craindre ou à espérer. Si vous
entendez bien parler de celui qui
est dans le loisir , ne croyez plus
que ce témoignage puisse être suspect, vous pourriez tout au plus y
craindre l'influence de la reconnoif-
sance ; mais alors au moins ce sera
une preuve que cet homme en fa-

veur de qui la reconnoiſſance s'explique , aura ſçû être ſerviable &
ſe faire des amis. Et c'eſt , il en faut
convenir , un juſte titre à l'eſtime
des hommes , & une conſolante
ſatisfaction dans le ſein de la retraite. Les regrets que l'on accorde à
ceux qui ont fini leur carriere font
leur éloge & honorent aſſez leur
cendre.

XXXVI. Outre la ſatisfaction ſi
ſenſible de ne dépendre de perſonne , au moins juſqu'à un certain
point , on peut regarder encore
comme beaucoup pour le bonheur
des hommes ſelon leur façon de
penſer , la ceſſation de mille ſoins
gênants qui les obligent , tant qu'ils
ſont dans le monde , à faire contre
leur gré une infinité de choſes ,
qu'ils voudroient pouvoir éviter
ou remettre à d'autres tems. Combien n'arrive-t-il pas ſouvent à
l'homme le plus ſenſé & le plus
modéré , d'être dans un ſens en

droit de murmurer contre son propre état, dans les momens où il ne
peut, lorsqu'il le voudroit, rester dans
le repos ou se donner du mouvement. L'obligation de se contrain-
dre sur certaines déterminations qui
sembleroient toujours devoir être
arbitraires, n'est-elle pas (quelqu'-
habitude que l'on ait pû en contracter) le plus grand tourment intérieur que l'homme puisse éprouver ? Quel agrément au contraire
n'y a-t-il pas à pouvoir à son gré
fixer l'emploi & le partage de ses
jours, de n'agir que par ses propres mouvemens & non par l'im-
pulsion d'autrui, de n'être plus
assujetti à adopter les pensées & les
opinions des autres ; enfin de n'être
plus pour ainsi dire contredit que
par soi-même ; on se le pardonne
alors volontiers, parce qu'on est
sûr de finir par être d'accord, &
qu'on trouve du plaisir au sacrifice
que l'on fait de ses premieres pen-

fées, quand c'est à soi-même qu'on fait ce sacrifice.

XXXVII. Ce n'est point ici, comme on pourroit se l'imaginer d'abord, le langage de la senfualité ou de la parefle ; on peut par exemple fans être atteint de ces vices fentir de la douleur à être obligé par son état de s'arracher des bras du fommeil, dans le tems peut-être que la nature même en demanderoit encore pour fa réparation, d'aller affronter les Elemens, lorfque leur déchaînement nous inviteroit à refter à l'abri de nos foyers, ou de voir les rayons du Soleil luire pour tout le refte de la nature, fans être maître de partager fes faveurs. Il eft dans l'humanité de foufrir impatiemment la contrainte ; & quelque fatisfaction que l'on puiffe trouver dans une action que la raifon dirige, or il eft raifonnable de fe priver de quelque chofe par prin-

cipe de devoir , bien ou mal en-
tendu) on murmure malgré foi
contre ce qu'il eſt cependant rai-
ſonnable en ce ſens de faire ou
d'omettre. L'état du loiſir fait diſparoître ce genre de contrainte ;
car il n'y en a plus lorſqu'on ne
ſuit que la voix de ſon cœur , &
qu'on ne fait fléchir les premiers
mouvemens de ſa volonté qu'en
faveur des devoirs déſintéreſſés du
ſang ou de l'amitié. Alors la nature de l'objet efface toute répugnance, ou ſi l'on en ſent encore
quelque retour, il eſt bien foible &
de peu de durée , & l'on goute
intérieurement une joie inexprima-
ble d'avoir ſuivi un penchant dont
l'attrait eſt ſupérieur à tout autre ,
parce que rien ne coute pour ce
que l'on aime. Croyons par exemple qu'un pere ſe trouve bienheu-
reux quand il inſtruit ſon fils , quelque travail que cela lui puiſſe cou-
ter. Ciceron fit pour un fils qui ne

le valut jamais , ce qu'il n'auroit
fait pour perſonne. La poſterité y
a gagné.

XXXVIII. Mais dira-t-on, en
quelqu'état que l'homme ſe trouve,
même dans l'état de repos , il n'eſt
pas un moment ſans déſirs & ſans
vûës ; donc à ſuivre les principes
que l'on vient de déveloper , &
qui ont été établis dans les Penſées
diverſes ſur l'Homme , il ne ſeroit
jamais heureux, même au ſein du
loiſir. Je ne nierai point la premiere
partie de ce raiſonnement , mais
j'en nierai la conſéquence. L'homme , à la verité , eſt toujours occupé de quelque vûë ; mais outre
qu'il vient un tems où naturellement les paſſions ſont moins vives,
& où par conſéquent les objets
prennent moins ſur nous , il faut
convenir que le ſoin de conſerver
ce que l'on a acquis , eſt bien moins
capable de porter du trouble que
le ſoin d'acquérir. Dans la premiere

espéce, on a bien moins de concur-
rents, parce qu'il y a beaucoup
plus de gens occupés à nous dif-
puter une victoire, qu'il n'y en a
qui travaillent à nous arracher nos
lauriers pour s'en ceindre le front.
Et s'il s'en trouve quelqu'un qui
porte jusqu'à ce point la méchanceté ; le caractére en est si odieux
qu'il réünit tout contre lui ; & par
l'événement il devient une source
de consolation, parce qu'on voit
presque toujours échouer les efforts
de la noirceur & de la mauvaise foi.
Dans un âge susceptible de réfléxion & de méditation, on peut
sentir le prix du bien & le poids du
mal ; mais ce n'est jamais que foiblement. Indépendamment du tour
de l'esprit qui change, la réfléxion
nous apprend à connoître le peu
de valeur & même le néant de la
plûpart des objets qui occupent
le commun des hommes. Il est
donc un tems où l'on désire plus

modérément

modérément, où les succès bons ou mauvais font moins d'impreſ-ſion, où les joies ſont plus douces & les douleurs moins aiguës : Il ſuf-fit de l'expérience pour ſe convain-cre entiérement de cette verité. Lorſque des vieillards livrés au loi-ſir font des pertes, même conſidé-rables, il eſt bien rare que nous leur en voyions porter la douleur auſſi loin qu'on le fait dans un âge moins avancé. Nous en ſerons moins étonnés, ſi nous nous rappel-lons qu'outre les cauſes phyſiques, l'uſage de réfléchir ſolidement & de ſang froid porte aux hommes des conſolations qui ſont incon-nuës à ceux qui n'ont pas encore pû ou voulu acquérir cet uſage. Or ſi à certains âges les douleurs ſont moins ſenſibles, les joies le doivent auſſi être moins. L'un ne peut pas être ſans l'autre, parce qu'une même cauſe doit même dans les contraires produire les mêmes effets.

F

XXXIX. Nous sentirons aisément l'utilité de l'usage de réfléchir , si nous voulons considérer
comme on l'a dit , que l'état du
loisir ne fait pas toujours dans son
commencement le bonheur des
hommes. Tels sont la plûpart des
loisirs forcés ou prématurés ; c'est
une disgrace imprévûë qui accable
un malheureux, c'est une infirmité
de corps ou d'esprit qui nous pro-
nonce tout à coup l'arrêt de notre
inaptitude à la profession que nous
avions embrassée. Quelque force
& quelque courage que l'on ait ,
il ne faut pas douter que le désespoir intérieur ne soit grand, & que
la sensibilité & les regrets ne soient
portés loin ; tout se peint d'abord
en noir ; on ne voit au premier
coup d'œil que ses Autels renver-
sés , ses lauriers arrachés , sa fortune détruite , ses espérances éva-
noüies , ses projets mis en poudre ;
en ce moment je me représente

l'homme du monde le plus malheureux & le plus à charge à
lui-même. La mort lui sembleroit moins cruelle à subir, & l'on
diroit à voir ces premieres impres-
sions, que la nuit seule du tombeau
pourroit les effacer. C'est le plus
haut point assurément où l'enthou-
siasme de la sensibilité puisse se
porter. Cependant on a vû de ces
mêmes hommes, après le premier
moment, devenir heureux & ne
conserver pour ainsi dire les traces
du passé, que pour en sentir l'illu-
sion & mieux connoître par la comparaison le prix du loisir. Quel est
donc le principe de cette métamor-
phose, qui, lorsqu'elle arrive, devient pour les autres un objet d'étonnement, si ce n'est la réfléxion ?
elle est quelquefois assez forte pour
nous faire rougir même du moment de douleur sous laquelle nous
avons pensé succomber. Qui ne doit
révérer le principe d'un si prodi-

gieux effet ? & s'il peut tant sur les hommes, faut-il s'étonner du crédit qu'il a sur les désirs qui peuvent rester en nous, pour les arrêter quand ils pourroient être portés trop loin, & pour les empêcher de troubler le bonheur d'un loisir employé sensément. Prérogative admirable de l'humanité, qui trouve dans le ministere de la raison des secours plus forts que toutes les attaques qu'elle peut essuyer ; matiére inépuisable d'étonnement sur l'excellence de notre Etre.

XL. En effet, portons nos vûës plus haut & considérons que ce n'est point l'ouvrage des hommes, mais celui de la Providence. C'est elle qui nous dessille les yeux sur nous-mêmes & sur tout ce qui nous environne. C'est la main du Tout-puissant qui nous arme contre nos propres foiblesses, qui nous fortifie contre les atteintes du siécle, qui nous apprend à nous conten-

ter de notre état, qui nous inſtruit
de ce que nous avons à faire pour
aſſurer notre bonheur , & qui nous
en dicte les moyens ; l'homme ſans
ce ſecours ne ſeroit pas aſſez fort.
La raiſon répand ſur lui ſa lumiere,
elle fait naître la réfléxion , elle
la dirige à l'utilité de l'homme , elle
l'épure , & quand une fois elle a
gravé dans nos cœurs ſes aimables
caractéres , rien n'eſt capable de
les effacer , & ne peut par conſéquent troubler la félicité de notre
repos & de notre loiſir. Les hommes ne peuvent donc travailler trop
tôt à déveloper cette raiſon , qui
leur eſt donnée , puiſqu'elle ſeule
peut aſſurer leur état , & les rendre ſuperieurs à tous les évenemens. Son miniſtere ne dépend de
perſonne , & par conſéquent lorſqu'elle agit ſur nous elle nous rend
indépendans de tout le monde, ou
du moins elle nous rend impercep-
tible la gêne du peu de dépendan-

ce à laquelle nous pouvons rester
assujettis.

XLI. Un des avantages du loisir est,
comme on l'a dit, d'apprendre à se
connoître ; c'est un des premiers
fruits de la réfléxion & de la méditation, & ce ne peut être que
leur ouvrage. Sans vouloir, pour
prouver cette verité, appeller au secours tout ce qu'on peut dire sur
la violence des passions & sur l'obstacle qu'elles mettent à la connoissance de nous-mêmes, il suffit
de penser que les occupations de
quelqu'état que l'on ait embrassé,
ne nous laissent pas le tems de méditer sur nous. On se livre à une
profession proportionnée autant que
l'on peut à ses forces, & chacune
exige pour ainsi dire tout entier
l'homme qui l'a choisie. Quand il
a vaqué à ses devoirs, les inter-
valles d'inaction qui peuvent lui
rester sont destinés à prévoir les
devoirs qu'il va avoir à remplir,

foit qu'ils foient nouveaux , ou que ce foient les mêmes aufquels il faille retourner. Quelque femblables que puiffent paroître les occupations fucceffives de chaque journée , elles ne fe reffemblent jamais parfaitement ; par conféquent il y a fans fortir de la chofe même , un nombre innombrable de combinaifons néceffaires à faire pour opérer bien ; fi l'on y joint la continuelle & rapide révolution des événemens & des circonftances , on fentira que l'homme le plus verfé dans les devoirs & les objets de fon métier a befoin d'un travail continuel pour ne rien omettre , ou pour ne point paffer le but. Cela eft encore plus vrai aujourd'hui que jamais , puifque la venalité de prefque tous les objets d'occupation & l'abus de donner trop tôt des profeffions fixes & déterminées , ne laiffant pas le tems de fe former à ce que l'on doit faire ,

F iiij

rendent beaucoup plus pénible l'e-
xercice de chaque profession. Nous
voyons l'histoire remarquer en ce
genre comme des especes de pro-
diges & de phénomenes, ce qui
arrive aujourd'hui tous les jours en
tous états, avec cette différence
qu'alors certains emplois donnés à
la jeunesse étoient le prix de talents
prématurés & précoces & qu'aujourd'hui ce n'est plus qu'un arrangement de fortune domestique.
Quoique l'on ait à faire, toutes
les facultés de l'esprit ne font point
de trop pour s'en bien acquitter.
Tout langage différent ne peut
être que celui de l'amour-propre.
Aussi doit-on peu estimer ceux qui
croyant toujours faire honneur à
leur état affectent de regarder & de
présenter aux yeux d'autrui ce qu'ils
ont à faire comme facile & au-dessous de leurs forces. Il ne faut point
non plus donner dans cette espece
de charlatanerie, qui pour faire son

propre éloge, & se satifaire, conduit à vanter sans cesse comme extrêmement difficile & hérissé d'épi-
nes, ce qui souvent est très-simple:
C'est encore une autre tournure de
l'amour-propre assez ordinaire, &
dont nous trouvons des traits dans
plus d'un Ouvrage des plus grands
hommes de l'antiquité : il faut donc
sur cette espece de témoignage de
soi-même, rester dans un juste milieu ; & même en ne s'en écartant
point, il sera toujours vrai qu'un homme a besoin de se livrer tout entier
dans chaque état, pour en remplir les
devoirs & les obligations. Lui demander quelque chose de plus, ce
seroit sans doute lui trop demander : car supposant même à un homme la plus grande superiorité dans
son état, il y aura, si vous voulez,
quelque possibilité qu'il réfléchisse
plus qu'un autre, mais toujours infiniment moins que dans l'état du
loisir.

XLII. De quoi nous occupons-nous principalement dans toutes les differentes conditions , c'eſt du ſoin de connoître tout ce qui nous environne. On creuſe une affaire dont on eſt juge, ou à laquelle on a quelque intérêt : on examine toutes ſes faces , on en combine les rapports & les proportions. Si l'on a beſoin de quelqu'un , ou ſi on veut s'inſinuer dans ſon eſprit , on étudie ſon caractere & ſes inclinations , on veut déveloper ſes vertus pour ne le point heurter de front, ou ſes défauts pour le ſéduire plus aiſément. Si l'on aſpire à des honneurs & à des dignités , on s'occupe de leur éclat ; on en meſure les avantages, on bâtit d'avance un grand édifice ſur ces premiers fondemens réels ou imaginaires , ſans avoir aucune certitude que le projet puiſſe jamais s'exécuter. Occupation fertile , & qui emporte des momens que l'on pourroit employer

folidement. Court-on après des richeſſes , on en médite l'uſage , on
en regle l'emploi & la diſtribution ,
on prévoit les moyens de les augmenter , parce qu'on croit déja poſ-
féder ce qu'on déſire , & ce qui
ſouvent par l'évenement n'eſt pour
nous que la fauſſe Ithaque. Or de
toutes ces differentes occupations
de l'eſprit , on n'en voit aucune
qui tende à la connoiſſance de ſoi-
même ; & il eſt ordinaire de voir
des hommes célébres & remplis de
connoiſſances étrangeres , terminer
leur carriere , dans la ſotte vanité
de croire connoître les hommes ,
mais dans une totale ignorance
d'eux-mêmes , c'eſt-à-dire de leurs
propres défauts , de leurs vices &
de leurs foibleſſes. Qui ne croiroit,
par exemple , à lire les ouvrages de
Ciceron , que c'étoit le plus grand
connoiſſeur qu'il y eût en hommes,
& par conſéquent le plus éclairé ſur
lui-même. Cependant , en ſuivant

le cours de sa vie, & sa fin, on le trouvera en une infinité d'occasions la dupe de tout le monde & de lui-même : mais tel est le sort ordinaire de l'homme.

XLIII. Eh comment apprendroit-on à se connoître dans les différens états, où aveuglés sans cesse par l'amour-propre, on ne songe qu'à se masquer aux yeux des autres, & à se tromper soi-même : l'interêt même qui est une des sources de notre aveuglement, semble le conseiller. Car à combien de choses ne renoncerions-nous pas, si entrant de bonne foi en compte avec nous-mêmes, nous travaillions à nous connoître, dans la vûe de nous faire justice ? Le premier pas est de se croire plus digne que personne des honneurs & des dignités ; plus capable que qui que ce soit de faire un bon usage de la fortune & des richesses. La Faveur amène-t-elle l'Adulation à nos pieds ?

Nous prenons son langage pour celui de la sincerité, parce qu'il nous
flatte. Un homme sincere ose-t-il
par hazard nous dire quelqu'humi-
liante vérité, notre premier mouvement est de nous élever contre
lui ; & notre indignation est souvent le seul prix dont nous le payons.
Nos succès heureux, quand même
ils ne seroient dûs qu'au hazard,
deviennent encore des obstacles à
nous connoître nous-mêmes, parce qu'ils enflent notre orgueil, &
qu'ils augmentent la bonne opinion que nous ne sommes que trop
disposés à avoir de nous-mêmes ;
en sorte que loin que nous puissions
apprendre à nous connoître, nous
adoptons toutes les idées qui peuvent ou nous gâter, ou du moins
laisser sur nos yeux le voile qui cause notre aveuglement. Tel est l'effet
de la vanité multipliée des objets,
jointe à nos défauts personnels. Les
occasions sont propres à nous cor-

rompre , & nous avons du penchant à nous laiſſer gâter, ſi nous
n'oppoſons pas à ce penchant la
raiſon pour digue , ou ſi quelque
revers ne nous corrige pas. Combien d'hommes ont dû à un malheur mérité tout ce qu'ils ont valu
depuis.

XLIV. Rendus au loiſir & à la
vie tranquille, c'eſt preſqu'indiſpen-
ſablement & machinalement que
nous tournons nos penſées ſur nous-
mêmes. Il ne reſte plus aſſez de choſes exterieures à nous pour nous occuper : malgré nous-mêmes c'eſt
notre interieur qui y doit ſuppléer :
l'yvreſſe ſe diſſipe , les objets d'il-
luſion s'écartent & s'évanouiſſent ,
la multitude des flatteurs ne nous
aſſiége plus, la vérité recommence
à s'approcher de nous , le tableau
de nos actions paſſées ſe retrace à
nos yeux ; nous raiſonnons avec
nous-mêmes , & ſur le paſſé , mais
nous raiſonnons de ſang froid, par-

ce que les préventions & les préjugés, ou se sont dissipés, ou ne
reçoivent plus le même aliment ;
nous n'avons plus le même besoin
d'étudier tous nos pareils, parce
que nous avons assez d'un cercle
étroit d'amis pour goûter les charmes de la societé ; & que comme ce Sage de l'antiquité, nous
n'avons alors besoin que d'une très-
petite maison. Ce n'est plus l'interêt qui attire vers nous les autres
hommes, il faut donc que ce soit
nos qualités personnelles : en sorte
que nous nous portons naturellement à les étudier, pour réformer
les mauvaises, & perfectionner les
bonnes. Pour y parvenir, il faut apprendre à se connoître : or on y
réussit immanquablement, au moins
jusqu'à un certain point, quand on
le veut sérieusement & de bonne
foi, d'autant plus que c'est notre
propre intérêt qui nous y convie ;
& que de tous les conseillers c'est

celui qui a le plus de pouvoir sur nous : ou si l'on ne parvient pas à se connoître parfaitement , on acquiert par la réfléxion une défiance raisonnable, qui nous servant de guide, supplée aux connoissances qui ont pû nous échaper sur nous-mêmes : c'est même une façon indirecte de se connoître ; car j'appelle s'ignorer que d'être rempli de confiance en soi-même. On ne doit pas être étonné qu'un homme riche ou puissant soit accueilli & recherché : cette circonstance ne doit point séduire notre jugement : mais supposez-le jouissant des mêmes agrémens au sein de la retraite : dès-lors mon opinion se fixe , & je conclus que cet homme les mérite par une étude utile de son intérieur , parce qu'on ne devient point digne de l'estime des autres hommes sans avoir travaillé sur soi-même. La nature peut nous donner les dispo-sitions à devenir meilleurs que d'au-tres ;

tres ; mais ces difpofitions ne fe dé-
velopent point, & ne peuvent s'affermir d'elles-mêmes. Le meilleur
terrain ne produit rien fans culture ;
il faut folliciter la nature pour la
rendre liberale.

XLV. Cet ufage de réfléchir conduit au troifiéme des avantages que
l'on a attribués au loifir, c'eft celui de fe réformer. Il n'eft point
d'hommes fans défaut, il ne s'agit
que du plus ou du moins. A peine
parvenons-nous à l'âge ou à l'ufage
de la raifon, que l'on commence à
nous faire appercevoir nos défauts,
& à nous exhorter de nous en corriger : mais il eft beaucoup plus facile d'indiquer ce qui eft utile ou
convenable, que de le pratiquer :
auffi ne fait-on le plus ordinairement que diminuer la nuance de
certains défauts, fans les déraciner :
& fi la réformation eft commencée, elle eft fouvent bien foible ;
quand fortant de la premiere jeu-

G

neſſe, & maîtres de nos actions,
nous entrons dans quelqu'une des
carrieres entre leſquelles ſe partage
la ſocieté generale des hommes:
c'eſt rarement, par les raiſons que
l'on a établies, le tems où l'on ſe
corrige, mille obſtacles s'y oppo-
ſent, trop d'objets nous diſtraient;
on ne fait nul retour ſur ſoi-même, l'amour-propre en ſeroit trop
humilié. Le peu d'eſtime que nos
pareils font de nous, nous l'attri-
buons à caprice, ou à jalouſie, &
de-là vient que nous ne nous cor-
rigeons point. Nous ne cherchons
qu'à deviner les autres, ſans ſon-
ger à nous étudier: le nombre de
ceux qui valent moins que nous
nous eſt un titre pour être ſatisfait
de nous-mêmes, & pour ne pas travailler à valoir mieux: & quand
nous trouvons des hommes qui ont
quelque ſupériorité ſur nous,
nous ſongeons moins à les égaler,
qu'à diminuer de leur valeur dans

notre propre opinion , pour diminuer en même-tems à nos yeux l'intervalle qui les sépare de nous.

XLVI. Il semble que les mêmes
défauts essentiels qui contribuent à
entretenir l'aveuglement des hommes lorsqu'ils courent une carriere , les accompagnant après qu'ils
en sont sortis , cet aveuglement
devroit durer encore & subsister le
même. Cela seroit vrai, si les causes secondes subsistoient aussi : mais
comme elles cessent au moins en
grande partie, elles rendent nécessairement les causes premieres bien
moins puissantes. Le soldat au fort
de la mêlée & dans la chaleur du
combat , manque à bien des choses, & en fait beaucoup d'autres
qu'il n'auroit point à se reprocher,
si la réfléxion avoit pû dans le tems
de l'action operer sur lui comme
dans les momens de sang froid : &
c'est ce qui fait que selon le sentiment des plus illustres Ecrivains,

beaucoup de chofes font tolerées ou permifes dans le tumulte des armes, qui feroient ou blamées ou punies en tems de paix. Il en eft de même à proportion de tous les états de la vie, qui font, pour ainfi dire, un combat continuel, & toujours fort inégal, parce que nous fommes toujours feuls contre un grand nombre d'ennemis. Ce n'eft pas là le tems où l'homme peut voir nettement & diftinctement les objets. Quand même il n'auroit pas à combattre le mafque fous lequel ils fe préfentent à lui, fouvent il ne feroit pas capable de les voir tels qu'ils font, même dénués d'art & fans fard. Un malade doit être en garde contre le témoignage de fes yeux : & l'on peut bien nommer maladie, & regarder comme telle tout état qui nous tient en aveuglement fur nous-mêmes. Auffi l'expérience nous apprend-t'elle que quand nous raifonnons fur les bon-

nes ou mauvaises qualités des autres, c'est presque toujours en leur
supposant celles que nous avons,
même sans en convenir avec nous.
De dix personnes qui en suppo-
seront une autre ou ambitieuse, ou
avide ou avare, il y en a huit qui seront ce qu'ils croyent que sont les
autres. C'est encore ce qui fait qu'un
très-honnête homme est souvent
trop confiant. Rarement verrez-
vous ce défaut (car ç'en est un) dans
un homme suspect sur le chapitre de
la probité.

XLVII. Il est vrai pourtant que la
facilité à s'ignorer soi-même n'est
pas égale, au moins quant au principe, dans toutes les conditions.
Plus elles sont tumultueuses, plus
les occupations sont vives, le theâ-
tre elevé, & les vûes que l'on suit
vastes & étendues : & plus on est
éloigné de la connoissance de soi-
même ; parce que dans ces différentes proportions on a moins le

tems de s'étudier ; ou bien les paffions font plus vives, & ont plus
de nourriture, & plus auffi, fans
que ce foit notre faute, il fe trouve des gens intéreffés à accréditer
auprès de nous nos propres foiblef-
fes, & par confequent occupés du
foin fatal de nous corrompre. L'on
ne court plus le même danger
lorfqu'on eft rendu au loifir, parce qu'alors c'eft fans interêt qu'on
cherche à nous plaire : on n'a plus
de raifon de nous louer exceffive-
ment, pour capter notre bienveil-
lance. On n'a plus befoin de chercher à nous enyvrer, ou à irriter nos
paffions, parce que notre fituation
ne feroit plus de nous que des com-
plices inutiles. Les gens de bien ne
craignent plus de nous tenir le langage de l'auftere vérité ; & fa voix
acquiert auprès de nous une nouvelle force par la réflexion fenfée
que nous faifons alors que celui qui
nous parle naturellement ne peut

le faire que par l'amour de la vérité & de la vertu. Ce sentiment se
produit naturellement, ainsi que
la confiance que l'on accorde avec
beaucoup moins d'examen, aux
conseils de quelqu'un qu'on sait être
homme sage & homme de probi-
té.

XLVIII. Mais indépendamment
de ce secours que pour notre propre réformation nous pouvons trouver dans les autres, il faut convenir que nos cœurs & nos esprits
s'épurent d'eux-mêmes par le loisir,
ainsi que les mineraux dans le creu-
set se dépouillent de toutes les parties terrestres, pour donner sans
aucun déchet leur valeur réelle.
Nous apprenons à mettre les choses à leur juste valeur : nous sommes honteux du prix que nous a-
vons mis à des objets, qu'étant de
sang froid, nous voyons d'un œil
bien different : Comme il en est que
nous nous reprochons d'avoir pla-

cés au rang des choses qu'on pouvoit negliger. Ce n'est pas que leur
valeur réelle ait changé, mais nos
yeux se sont ouverts, nos esprits se
sont éclairés, & nos cœurs se sont
rectifiés par le secours de la réfléxion : nous étions malades sans
le sçavoir ; & c'est seulement lors-
que nous commençons à nous en
appercevoir , que nous commençons à acquerir les caracteres de la
santé. Ce n'est pas, pour me servir
des termes d'un auteur justement re-
specté, qu'il n'y ait une fuite intérieu-
re , au moyen de laquelle l'homme dans les occupations les plus vives pourroit travailler sur lui-même
comme dans l'état de loisir le plus
décidé ; mais elle est bien difficile
à embrasser, & plus difficile à soutenir encore ; & en meme tems
qu'on sent que cela peut être , on
est obligé de convenir que les exemples en sont extrêmement rares ; la
preuve en est que l'on voit bien peu

de gens prendre ou se donner le tems de se réformer, & se réformer effectivement pendant qu'ils representent sur le théatre du monde. Il me paroît qu'en ce genre les preuves arithmetiques sont toujours bien fortes.

XLIX. Ainsi que dans la chaleur de la composition il échape au meilleur Auteur des fautes dans lesquelles ne tomberoit pas de sang froid l'écrivain le plus commun, & qu'on apperçoit plus facilement les défauts d'un ouvrage qu'on a laissé reposer : de même le tableau des choses passées fournit une instruction utile à l'homme à qui il ne reste plus d'occupation essentielle que celle de méditer. On analise plus exactement les objets, on reconnoit à quoi l'on a manqué, ou en quoi l'on a pû passer le but ; si l'on a perdu quelque occasion favorable par son indolence ; si par précipitation on a laissé échaper des objets pal-

pables & senfibles ; fi par des hu-
meurs déplacées on a aliené des
gens fenfez ; fi par une froideur mal
entendue on a rebuté des amis utiles ; fi par une fotte confiance on
a été la victime de l'artifice ; fi par
un fond de défiance ridicule , effet
ordinaire du défaut de principes ,
on a manqué de profiter de la bonne foi des autres , lorfqu'on pouvoit le plus fûrement s'y repofer ;
fi par foiblesse on s'eft laissé mener
au-delà des juftes bornes ; fi on s'eft
laissé entraîner par le caprice ; fi par
ignorance ou par légereté on a pré-
judicié aux intérêts de quelqu'un ; fi
l'on a erré du côté de la connoiffance des hommes , ou du côté de
la jufte eftimation des chofes ; fi l'on
a fuivi des partialitez contraires à
la juftice & à l'équité : tout cela fe
retrace à l'efprit, avec des couleurs
d'autant plus vives que l'égarement
a pû être plus grand, & d'autant plus
frapantes , que l'on n'eft plus envi-

ronné des chofes propres à les alte-
rer ou à les affoiblir. On fent que
fi l'on fe retrouvoit dans les mêmes
occafions, on ne briferoit pas contre
les écueils, ou qu'on les heurteroit
moins fortement. C'eft auffi en ce
fens qu'on doit entendre l'avantage
de l'experience, qui ne confifte pas à
avoir fimplement fait & vû plufieurs chofes, mais à avoir beaucoup réfléchi; car beaucoup de gens
après un long tems d'exercice n'en
ont pas pour cela plus d'experience.

L. Si au contraire on eft dans le
cas de pouvoir fe rapeller quelque
chofe de fait à propos & fenfément,
le fang froid qui accompagne cet
examen devenu plus impartial, met
à portée d'en juger fainement; on
fe dit à foi-même pourquoi ce
qu'on a fait a été bien fait; on ne s'en
loue point pour s'enorgueillir, mais
pour fe fervir d'éxemple & de mo-
dele à foi-même dans une autre

occasion pareille. Car ce n'est point un mal , quand il y a certitude que ce qu'on a fait a été bien fait, & il suffit d'être extrêmement en garde contre ses propres jugemens pour ne point tomber dans le cas de ceux à qui l'amour -propre sans examen conseille de s'imiter toujours eux mêmes. C'est ainsi que nous voyons Cesar se rendre compte de ses Campagnes , & expliquer en même-tems ce qu'il a fait, les raisons qu'il en a eu, les moyens qu'il a employés, & les succès quils ont eu. Si on a eu des succès heureux , on s'interroge pour sçavoir si on les doit à soi , ou au pur hazard des circonstances, & pour sentir d'autant mieux la force des combinaisons extérieures & indépendantes de nous; s'ils ont été malheureux on les approfondit avec le même œil de curiosité qui conduit le machiniste attentif à connoître les défauts de son propre ouvrage ; on recherche leurs caufes, on travaille à les trouver dans les effets, on apprend par cette efpece de recherche, fi l'on doit fe les imputer, ou s'ils ont leur origine ailleurs, ou s'ils ont des caufes mixtes. Tel eft le chemin par lequel l'homme parvient à fe perfectionner, ce qui eft le quatriéme avantage que l'on a indiqué comme un moyen de juger fainement du loifir, fi pourtant on peut diftinguer ce quatriéme, du troifiéme que l'on vient de traiter, l'acte feul par lequel on fe reforme, opérant lui-même une plus grande perfection. Cependant, en appliquant la réformation aux qualités du cœur, & la perfection à celles de l'efprit, ou à la partie des connoiffances, on fentira qu'il y a entre ces deux avantages quelque différence. S'il eft vrai que fouvent le cœur & l'efprit agiffent concurremment, il ne l'eft pas moins que prefque toujours ils operent fur des objets

différents, enforte qu'il peut arriver
qu'un homme dans le loifir gagne
plus ou moins du côté du cœur
ou de l'efprit felon fes difpofitions intérieures, & felon la nature
de l'emploi du loifir.

LI. De là naît une objection qu'il
eft utile d'aprofondir; c'eft qu'on peut
avoir une telle difpofition de cœur
& d'efprit que l'on ne retire aucune forte d'utilité du loifir. La pro-
pofition dans un fens auffi étendu
que celui qui fe préfente, ne feroit
pas exacte; mais quand elle le feroit
il n'en faudroit rien conclure contre
la vérité du principe, que le loifir
eft de tous les états un des plus avantageux à l'homme, parce qu'il eft le
plus propre à opérer fon bonheur.
En effet il faut envifager cet état
comme un moyen de rendre l'homme heureux, feulement quand il
veut en faire ufage; de ce qu'il ne
le fait pas toujours, eft-ce une raifon
d'en faire moins de cas ? non affû-

rément, quand les attributs du loisir n'en font pas les causes. Il y a dans les fruits du loisir autant de classes différentes qu'il y a d'hommes qui s'y livrent & qui l'embrassent; ainsi que dans chaque profession qui occupe un grand nombre d'hommes, il n'en est pas deux qui soient dans un dégré de parfaite égalité de talents ou de ressources. Mais comme tout est comparaison, on ne peut disconvenir que quelque bornés ou quelque corrompus que les hommes puissent être, celui qui connoît le loisir a nécessairement de l'avantage au-dessus d'un autre homme. Quelque peu de droiture de cœur ou de rectitude de jugement que l'on puisse avoir, celui qui ne s'est jamais donné le tems de réfléchir, ne peut que rester au même point duquel il est parti, au lieu qu'il est impossible que l'examen que l'homme fait de lui-même ne le conduise à quelque réfor-

mation du côté du cœur, ou à quel_
que dégré de perfection du côté de
l'esprit. Le plus mauvais terrain
bien cultivé sera plus abondant que
le meilleur dénué de culture. Un
homme tel que nous venons de l'i-
maginer ne sera peut-être jamais
d'une grande valeur, mais il sera
sûrement moins mauvais qu'un autre.

LII. Supposons aussi l'homme
né avec les dispositions les plus
propres à l'affranchir du joug des
passions, ou le plus éclairé,
je compterai beaucoup plus sur
celui qui par le loisir aura joint l'u-
sage de la réfléxion aux dispositions
naturelles ; je me reposerai bien
plus tranquillement sur les conseils
de celui qui aura médité long-tems
après avoir agi long-tems ; car rien
n'est si commun dans le cours ordinaire des occupations humaines
que de voir les moindres occasions
faire naître ou réveiller des passions

où

où l'on n'en soupçonnoit pas les moindres semences, comme de voir des hommes aveuglés par l'abondance même, ou par la vivacité de leurs lumieres. Il en est à peu près de celles de l'esprit comme de celles qui sont sensibles & extérieures à nous ; le rayon de lumiere trop vif est souvent un obstacle pour bien voir ; il faut alors laisser passer le premier moment, chercher à plusieurs fois son objet, & prendre des précautions pour n'être pas trompé.

LIII. Le loisir est donc à proprement parler le berceau de la saine Philosophie; on peut en avoir de bonne-heure le germe & les principes, ils peuvent même pendant que l'on court une carriere se déveloper jusqu'à un certain point ; mais comme il est peu d'états où l'on puisse, au moins selon le monde & tel qu'il est, réussir par ces principes, ils sont souvent gênez s'ils ne sont même abandonnez quelquefois ; &

c'eſt au ſein du loiſir & par le loiſir
qu'ils ſe meuriſſent & s'affermiſſent.
C'eſt alors que la Philoſophie dévelope tous ſes attraits qui s'accré-
ditent & plaiſent davantage chaque
jour, à meſure que l'homme s'apperçoit qu'ils operent & aſſûrent
ſon bonheur. En effet on n'eſt heureux, que quand on eſt venu au
point de n'avoir plus à compter qu'-
avec la Philoſophie, & elle ne
trompe jamais ceux qui s'y atta-
chent entierement & de bonne foi ;
mais elle n'admet aucun partage,
parce que rien dans le monde ne la
peut égaler, ni ne lui peut reſſem-
bler, & que tout mêlange détrui-
roit ſes effets. Elle fuit ou interdit
l'oſtentation, elle demande la ſim-
plicité du cœur & la ſoumiſſion de
l'eſprit. Auſſi tel qui ſe dit Philo-
ſophe n'eſt pas heureux pour cela,
parce que ſouvent on n'en a que
le langage, & qu'en paroiſſant ſec-
tateur fidéle de la Philoſophie, on

ne laiſſe pas que de lui oppoſer intérieurement de fréquentes revoltes.

LIV. Mais pour poſſeder l'eſprit
de ſageſſe & en goûter toutes les
douceurs, il faut tout rapporter à
celui qui en eſt le centre & le principe, ou qui pour mieux dire eſt lui-
même l'eſprit de ſageſſe. Le cœur
de l'homme eſt fait pour être attaché à quelque choſe, cela eſt de ſon
eſſence, & il faut néceſſairement
que ſans ceſſe il agiſſe par le ſentiment d'attachement ou d'éloignement; les réfléxions ſur nous-mêmes nous démontrent cette vérité
phyſique, puiſqu'il n'eſt dans le monde aucune des choſes à portée de
nous pour laquelle nous puiſſions
dire que nous ayons une parfaite
& totale indifférence. On déſire
ou l'on craint, on eſtime ou l'on
mépriſe, l'on aime ou l'on ſent de
l'éloignement ou de la répugnance, & quiconque n'eſt pas convaincu de cela, c'eſt qu'il ne s'interro-

ge pas lui-même, qu'il ne s'arrête qu'au premier mouvement, ou qu'il parle machinalement, avant que d'avoir formé un jugement, ou qu'il ne s'est pas encore assez consulté. Or l'attachement aux choses passageres de ce monde ne peut jamais nous rendre parfaitement heureux, parce qu'elles ne font pas du ressort, & qu'elles ne font point partie des objets de l'esprit de sagesse. Nous ne pouvons pas nous en détacher sans donner entrée dans notre cœur à quelqu'autre objet d'attachement, parce que le cœur ne peut pas rester vuide ; & c'est alors que l'homme devient parfaitement heureux, parce que les objets ausquels il vient à s'attacher font dignes de lui, & que l'esprit de sagesse est la base de sa felicité interieure.

LV. Il faut donc à l'état du loisir, en joindre l'esprit. Celui qui retiré des embarras du monde me paroi-

tra par sa conduite agité & à charge à lui - même , ou que je verrai
se méconnoître encore, ou être sa
propre dupe , ou dont les passions
ne me sembleront point éteintes ou
amorties, ou qu'enfin je verrai n'avoir
rien acquis du côté de la solidité du
jugement , il n'aura à mes yeux que
l'apparence de l'homme consacré au
loisir ; ou je dirai qu'il n'en a sçu
faire aucun usage , & que par conséquent il n'a point l'esprit du loisir.
Par le fond de son cœur il sera autant livré au monde qu'il le pouvoit être, quand sa vocation l'y re-
tenoit, ou bien au lieu de jouir du
loisir, il sera tombé dans les défauts
de l'oisiveté. L'un produit le désespoir , l'autre l'ennui ; quoique
l'homme honteux de sa propre foiblesse puisse faire pour déguiser son
interieur dans quelqu'une de ces
deux situations, il ne tente que des
efforts superflus , parce qu'on dis-
tingue bien aisément l'homme qui

ne cherche qu'à s'étourdir d'avec
celui qui possede véritablement la
paix du cœur. Tout le décele indépendamment des marques extérieures de la santé qui peuvent plus
aisément tromper, parce qu'il est des
tempéramens plus ou moins faciles
à détruire ou à attaquer, d'un côté
l'on voit l'inquiétude ; de l'autre des
mouvemens réglez & pour ainsi dire bien ordonnez. L'un montre une
joye forcée, & d'autant plus cer-
tainement passagere qu'elle est contrainte ; l'autre un enjouëment égal
& soutenu. L'un recherche des amusemens bruyants ; l'autre des dissipa-
tions douces. L'un partage son tems
entre des momens de retraite, &
des délassemens agréables ; l'autre
ou enterre son désespoir dans les
ténebres de la solitude, ou le pro-
mene impétueusement par tout, mais
le rapporte chez lui. Tous les ex-
trêmes en quelque genre que ce soit
à un certain âge sont une preuve

que l'homme n'est pas d'accord avec lui-même : différent en cela de la jeunesse, qui lorsqu'elle tombe dans quelqu'extrême peut n'être taxée que de legereté, & non pas toujours de contradiction avec elle-même, la modération & l'ordre dans les actions extérieures marquent au contraire une assiette tranquille dans l'esprit & dans le cœur.

LVI. S'il est vrai, comme on a taché de l'établir, que l'homme qui passe de la vie tumultueuse à la vie tranquille ait besoin de chercher & de se ménager de nouvelles ressources, la premiere attention qu'il doit avoir, c'est de trouver un système dont rien ne le puisse ensuite écarter ou distraire ; or c'est par là que pêchent presque tous les hommes en quelqu'état que ce soit. Faute de se faire des plans qui ne soient susceptibles de changemens que dans quelque petite branche, ils font mal ce qu'ils font, & c'est ce

qu'on appelle manquer de méthode. On se conduit par les événemens, sans songer à la honte qu'il
y a de les reconnoître pour maîtres
absolus; on s'abandonne aux ha-
zards; les choses accidentelles deviennent les seuls guides, & comme ces guides changent à tous mo-
ments, on est toujours dirigé par
des choses nouvelles. J'appelle cela être continuellement en tutelle,
& quand une fois on en a pris l'habitude, il ne faut pas esperer d'en sortir, parce qu'on s'accoutume à être
gouverné sans le vouloir. C'est ce
qui arrive tous les jours aux gens
foibles ou indolents. Or pour l'état
du loisir un plan ou un systême de
vie est plus nécessaire que pour aucun autre, enforte qu'il ne s'agit
plus que de la maniere de le former.

LVII. La mémoire dont les
hommes ne connoissent pas ordinairement tout le prix & toute l'ex-

cellence, est un des principaux instrumens que l'on doit employer à former ce plan, non pour ne produire que des œuvres de mémoire, mais pour faire des applications, & c'est-là la base du genre d'occupation que l'on a voulu indiquer, lorsqu'on a dit que le loisir des hommes pour être parfait devoit être avantageux à la societé publique, comme il pouvoit l'être. Il est vrai qu'un homme qui aura fait beaucoup de choses pendant qu'il a été dans le cours d'une vie active, qui aura été témoin ou partie d'un grand nombre d'événemens, qui aura par la lecture acquis beaucoup de connoissances diverses, trouvera dans sa mémoire bien plus de ressources qu'un autre homme; mais les opérations de la mémoire dont les ressorts sont aussi incompréhensibles que son siége peut être inconnu, ne peuvent pas suffire pour occuper tout le tems du loisir. Un seul instant rapproche à la fois les images de plusieurs événemens qui ne sont arrivés que dans un long intervalle de tems. Les mêmes images, quand elles se sont retracées un certain nombre de fois, fatiguent à la fin, ou du moins ne fournissent plus les mêmes objets d'amusement ou de dissipation. Si nous supposons que les opérations du jugement s'y joignent, chaque idée n'est susceptible que d'un certain nombre de combinaisons; elles s'épuisent bientôt & l'on est en peu de tems pour l'esprit, comme ceux qui s'apperçoivent du poids des années par leur répétition. Un homme ne peut point passer le cours de sa vie, quelque peu éloigné que le terme en puisse être, en contemplation & en méditation. On seroit bientôt las de soi; & d'ailleurs à supposer qu'on fût utile à soi-même, on ne rempliroit pas tout ce qu'on

doit à l'état du loisir, qui est de
le rendre avantageux à la societé
dont on est membre. Il faut donc
que la mémoire serve à rappeller
les faits, que le jugement les combine, & que l'esprit les rassemble
pour l'utilité publique. C'est par
l'union de ces trois opérations que
l'on peut trouver le moyen assuré
de n'être jamais atteint de l'ennui
cet ennemi si dangereux de notre
bonheur, & de rendre la conservation de ses jours précieuse à sa
patrie. C'est ce qu'ont fait en chaque âge les historiens qui ont écrit
les événemens passés sous leurs
yeux. La mémoire a servi à l'exactitude du tableau, & selon que l'é-
crivain a eu le jugement plus ou
moins fort, il a accompagné les
faits de réfléxions utiles. Ce n'est
pas ici le lieu de peindre ceux qui
ont plus ou moins approché du
point de perfection.

LVIII. Mais quelle obligation

la societé a-t-elle, ou pour mieux dire quel reproche n'est-elle pas en droit de faire à quelqu'un, qui possesseur d'un secret utile à la conservation de ses pareils n'en confieroit à personne le dépôt & sembleroit vouloir enfermer dans le même tombeau les avantages du public & ses cendres ? Ne doit-elle pas détester une pareille conduite ? Disons la même chose de quiconque ayant un talent qu'il ne peut plus exercer, & des connoissances dont il ne peut plus faire usage personnellement, se livre à un loisir oisif. C'est vouloir n'être bon que pour soi, compter les autres hommes pour rien, & méconnoître les devoirs de naissance & de societé. Or de ceux-là il y en a, tant qu'on existe, quelques-uns que l'on peut & que l'on doit remplir. S'il pouvoit être libre d'en user autrement, loin d'exhorter les gouvernemens & les societés publiques à faire de l'état du loisir pour les particuliers une espece d'objet d'émulation, je serois le premier à penser qu'on le devroit interdire. La République auroit sans doute des instrumens moins parfaits pour la servir, parce que le loisir ne les auroit pas perfectionnés ; mais au moins elle en tireroit du service, & il pourroit se trouver des gens qui en méditant sur les opérations d'aussi bons acteurs, pourroient à leur tour devenir assez bons maîtres.

LIX. Il paroît donc du devoir de ceux qui ont rempli une carriere, de travailler pour le bien de la societé, chacun selon la nature de son état & la portée de son esprit. Quand même l'amour-propre y seroit pour quelque chose, c'est le cas où j'en excuserois la concurrence. Ne devons-nous rien à Demosthenes & à Ciceron, pour nous avoir conservé des modéles d'éloquence, à Polybe, à Céfar, pour avoir écrit des préceptes de la Guerre ; à Tacite, pour nous avoir tranfmis le chef-d'œuvre de l'Hiftorien Politique ; aux Philofophes Grecs & Latins, pour avoir mis fur le papier leurs méditations, à Pline pour nous avoir fait part de fes connoiffances fur l'Hiftoire naturelle. Et ainfi des Auteurs fans nombre qui chacun felon leur talent ont rendu leur loifir fi utile à la pofterité. Or rien n'eft fi commun que de régler fur un plan faux & extravagant les occupations du loifir. Quoi de plus infenfé, par exemple, que de voir un homme qui entre dans l'état du loifir croire embraffer un repos utile, en fe livrant à l'apprentiffage de quelque chofe de nouveau ? A fuppofer même que ce ne foit pas une chofe de fimple amufement, de quelle utilité peut être à la focieté un pareil plan du loifir ? C'eft lui faire perdre en un moment tout le fruit de l'expérience qu'on a pû acquérir dans le cours de sa carriere, & se condamner à ne faire qu'ébaucher ou effleurer les connoissances d'une nouvelle profession. Que dans la jeunesse on se livre à un état qui exige un long noviciat, il n'y a rien à dire. On peut esperer d'y réüssir, parce qu'on peut compter moralement sur un certain nombre d'années, & sur les ressources d'un esprit dans toute sa force & toute sa vigueur; mais enterrer ses talens acquis pour en rechercher de nouveaux qu'on ne peut pas avoir le tems de perfectionner, c'est vouloir vivre inutile, & ne donner en sa personne à sa patrie qu'un novice incapable de lui procurer de grandes ressources. C'est cependant un ridicule dans lequel tombent beaucoup de gens, & l'on diroit à juger par ce qui arrive tous les jours sous nos yeux que l'interrup-

tion de l'exercice d'une profeſſion
dût conduire ou au *rien-être* , ou
à quelque genre nouveau d'occupations , tandis qu'il y a tant de
choſes à faire dans le loiſir pour
la profeſſion que l'on a ceſſé de pratiquer ; on tomberoit moins ſouvent dans cet inconvénient ſi l'on
étoit plus capable qu'on ne l'eſt
d'ordinaire de ce que l'on fait. Mais
il eſt dans l'homme d'éviter tout
travail dont il n'auroit qu'à rougir.

LX. Il faut pour agir conſéquem-
ment & remplir ſa vocation , rendre les occupations de ſon loiſir
analogues avec la profeſſion que
l'on a exercée. Or on en peut diſ-
tinguer de deux eſpeces ou de ſimple artiſte , ou de travail de tête.
Et dans l'une & l'autre eſpece , il
y a deux façons de rendre ſon loiſir utile à ſa patrie , ou en écrivant
ſur ce qui a fait l'objet de ſa profeſſion , ou en converſant avec ceux
qui ont du goût & de la diſpoſi-
tion

tion pour les mêmes talens que l'on
a eus. La premiere façon est peut-
être plus pénible ; mais elle est aussi
plus utile, parce que les choses
méditées & écrites sont plus solidement traitées & qu'elles demeu-
rent ; mais on ne peut pas exiger
de tout le monde de recueillir &
d'écrire. Ou l'on n'en est pas capable même sur les choses que l'on
entend le mieux, ou les choses
n'en sont pas toutes également suf-
ceptibles.

LXI. Cependant les choses même dont la pratique ne constitue
qu'un simple artiste ont leurs regles
& leurs principes. Le premier qui
les a pratiqués souvent n'en a pas
connu toute l'étenduë. L'habileté
& l'adresse de la main peuvent déveloper la possibilité de choses que
l'on ne croyoit pas pratiquables ;
& souvent il arrive qu'une expérience & une découverte conduisent à établir des principes qui fai-

sant une régle pour l'avenir, peuvent mener à leur tour à de nouvelles découvertes ; c'est ce qui opere la perfection dans les arts. Beaucoup n'ont dû leur naissance qu'à un pur hasard, & n'ont eu qu'une progression lente & successive ; mais ceux qui ont sçû raisonner & méditer sur ces especes de premiers coups de fortune sont-ils sans mérite à nos yeux ? Et l'obscurité de l'ancienne Philosophie n'a-t-elle pas conduit à la lumiere répanduë aujourd'hui sur plusieurs de ses parties ? Peut-être que sans ce qu'ont écrit les anciens en ce genre, nous ne serions aujourd'hui qu'à leur place, & que nous nous en ferions honneur. Un homme qui a excellé dans quelqu'art rend un grand service en apprenant à la posterité de quelle maniere il s'y est pris, quelles indications il a euës pour préférer une méthode à une autre, ce que cette méthode a produit ; enfin les nouveaux fruits qu'il augure qu'elle peut produire encore. Cette façon de raisonner éclaire les autres ; c'est pour ainsi dire montrer dans un lointain un magnifique & riche pays que la beauté du spectacle invite à aller chercher, & qui d'avance saisit le goût ; on part du point où est resté un homme célébre , & qui dans son genre a été original.

LXII. On va même ordinairement encore plus loin ; à quelque degré de perfection apparente qu'on ait été auparavant, il ne seroit pas sensé que l'admiration de ce qu'on voit fît renoncer aux efforts qui peuvent conduire à quelque chose de mieux. Quoiqu'il soit vrai que chaque objet ne peut avoir qu'une certaine portée, on ne connoît pas ses véritables bornes ; & rien ne seroit moins raisonnable que de prendre cette obscurité pour une démonstration qu'on ne peut pas

aller plus loin. Par-là seroit détruite cette ingénieuse émulation qu'on
peut regarder comme le germe de
la perfection des arts & des sciences. L'amour-propre est encore une
raison pour nous de nous défier
du témoignage que peuvent se rendre ceux qui croyent avoir atteint
les derniers degrez , parce qu'ils
ont découvert quelque chose. Chacun veut vanter son ouvrage , & le
premier mouvement de l'amour-
propre est d'annoncer son chef-
d'œuvre aux siécles futurs comme
le *non plus ultra* du pouvoir humain. Je ne dis pas que ceux qui
sont tombés dans cet inconvénient
n'ayent pû être de bonne foi , & a-
lors il se trouvera qu'ils n'auront pe-
ché que faute d'étenduë ou de nette-
té de lumieres ; mais il sera toujours
vrai que ce seroit se renfermer soi-
même dans un cercle trop étroit, que
de vouloir se renfermer dans l'é-
tenduë du diametre des autres.

D'ailleurs pour se faire un mérite aux yeux de la societé, il n'est pas toujours nécessaire d'inventer, on travaille encore utilement ou en éclaircissant & en dévelopant la pensée des autres, ou en en faisant connoître toute l'étenduë & l'application. Ainsi il y a bien des sortes de perfections differentes à pouvoir donner aux choses déja connuës & découvertes, elles n'ont à craindre que les bornes de l'esprit humain.

LXIII. Il suffit de comparer ce qui nous reste des anciens sur les arts & sur les sciences, avec ce qui a été découvert ou inventé depuis eux de siécle en siécle, pour sentir combien il y a eu de choses estimées vraies en certains tems, qui ont été démenties par des expériences postérieures; ou combien quand on a cru pouvoir sans erreur partir des mêmes principes, on a ajouté aux premieres connoissances. Ces premiers auteurs, malgré l'opinion qu'ils pouvoient avoir d'eux-mêmes, se regarderoient sûrement comme dans des pays inconnus, & seroient bien étonnés s'ils pouvoient se trouver un moment parmi nous. Ils n'auroient pas à nous trouver de grands hommes, l'injuste repugnance que nous avons quelquefois à les juger aussi favorablement. Ils avoüeroient qu'on les a passés de beaucoup, mais ils ne rougiroient pas de se voir aussi inférieurs à ceux qui les ont suivis, parce qu'ils auroient pour eux le témoignage satisfaisant, que la premiere découverte en tout genre & quelque petite qu'elle soit porte toujours son prix avec elle ; & en effet il y a beaucoup d'honneur à avoir ouvert à la posterité des routes qu'elle n'a eu qu'à suivre, & sans la découverte desquelles on n'auroit peut-être pas été plus loin qu'ils ont fait.

LXIV. Si le progrès de plusieurs
arts est dû en grande partie, comme cela n'est pas douteux, à ceux
qui se sont consacrés à écrire pour
instruire la posterité, l'inconvénient
de ne l'avoir pas fait en bien des
choses, se démontre par les vesti-
ges que la lecture nous indique de
beaucoup de découvertes & de
secrets perdus maintenant & dignes
de tous nos regrets. Cette perte
nous fait regarder presque comme
fabuleuse ou incompréhensible une
infinité de traits d'histoire relatifs
à des monumens que le tems a con-
servés au moins en partie, dont
nos yeux reconnoissent les âges &
les époques, mais dont nous ne
concevons pas la possibilité. Tels
sont la plûpart des ouvrages de
mechanique qui bien que simpli-
fiée & perfectionnée à bien des
égards ne nous feroit pas encore
opérer ce que nous voyons qui a
été fait, sans que nous puissions

I iiij

imaginer comment ; & quoique le
tems dévore tout , pour ufer de
l'expreffion d'un Poëte , combien
de chofes ne lui auroient pas échapé , fi les hommes lui avoient op-
pofé des mémoires exacts. Nous
en ignorons une infinité fur l'art
militaire, la marine , les mœurs ,
les ufages & les coûtumes des anciens. La connoiffance de cet âge
eft pour ainfi-dire demeurée totalement conjecturale par la variété ,
pour ne pas dire la contradiction
qui fe trouve entre ceux qui ont
traité les mêmes matieres , parce
qu'elles ne l'ont été qu'après coup
& d'après des indications foibles &
éloignées. Il en eft de même des
époques fouvent les plus confidé-
rables de la chronologie. Sur la
plûpart de ces points on difpute
pour & contre , prefqu'avec une
égale plaufibilité. Et le plus habile
eft celui qui raffemble en faveur de
fes opinions le plus grand nombre

de vraisemblances. Que ne de-
vrions-nous pas aux anciens pour
la paix entre les sçavans modernes
& pour notre instruction, s'ils a-
voient pris un peu plus de peine?
D'ailleurs la plûpart de ceux qui
écrivent sur-tout en matiere de faits
ou de fastes, tombent dans un inconvénient qui est d'écrire d'une
façon qui leur paroît claire, mais
qui devient nécessairement obscure
pour les siécles à venir. Souvent on
répond à sa pensée & l'on est in-
telligible à soi-même ; mais on ne
l'est pas pour les autres, sur-tout
après la révolution d'un nombre
d'années qui effacent certains objets d'allusion. C'est ce que nous
éprouvons souvent dans la lecture
des anciens. Entendons-nous parfaitement les fastes d'Ovide, les
Satyres d'Horace, de Juvenal, de
Perse?

LXV. Si l'éloignement que nous
avons pour le loisir, & ses occu-

pations utiles , réserve aux siécles à
venir contre nous les mêmes sujets de plaintes que nous pouvons
avoir à former contre les anciens,
ils trouveront au moins de quoi se
dédommager dans le soin auquel
se livrent beaucoup de gens de
rassembler en des Journaux exacts
toutes les connoissances & les découvertes qui peuvent paroître les
plus utiles & les plus dignes d'attention. Ce sont eux qui nous feront vivre dans la posterité ; mais
quelques lumieres qu'ils puissent a-
voir , ils ne peuvent pas écrire sur
le talent d'un autre , comme cet
autre le pourroit faire lui-même ;
& d'ailleurs pourquoi faut - il que
le soin d'instruire la posterité fasse
l'objet d'une profession distincte &
particuliere? Chacun ne devroit-il
pas s'en charger dans la partie qui
lui est propre & familiere? Assez
d'autres objets de travail resteroient
encore aux auteurs de Journaux

pour occuper leur plume & exercer leur zele.

LXVI. Indépendament des avantages que la posterité retireroit du soin d'écrire, il y en auroit d'actuels pour chaque pays qui verroit tous les jours croître les arts & les sciences, & qui y gagneroit considérablement, tant par le bénéfice que l'industrie produit nécessairement dans un état, que par le lustre & la considération que les veilles des Ecrivains répandent sur tout le corps d'une nation. Ce lustre n'est point une chose imaginaire & de pure opinion, mais une chose réelle qui ne fait des jaloux que parce qu'elle fait des admirateurs.

On ne peut pas demander qu'un homme illustre instruise des étrangers, quand il sera assez heureux pour trouver au sein de sa famille des sujets propres à être formés ; cela seroit injuste;& d'ailleurs il est absolument parlant, égal pour le corps de l'Etat par qui les arts ou les sciences se perpetuent ou reçoivent de l'accroissement ; mais au lieu d'enfans ou de parens, il me semble que le goût ou l'amitié doit fixer le choix sur des étrangers, & que ne le pas faire est manquer à sa patrie, à laquelle tant que nous vivons nous nous devons en tout ce qui nous est possible.

LXVII. C'est ce qui au défaut de l'écriture se fait ou se peut faire par la conversation ; & quoique par le cours ordinaire des événemens, cette espece de filiation pour les arts, ne soit pas aussi sûre & aussi solide que celle qui seroit fondée sur les principes écrits ; je m'en contenterois si elle pouvoit porter universellement sur tous. Il me semble même que l'homme mettant à part l'intérêt & l'amour du bien public, doit trouver en réussissant à l'instruction de ses pareils, une satisfaction au moins égale au plaisir que tant de gens trouvent à élever à leur gré une plante ou une fleur ; elle peut être assez belle par elle-même pour plaire aux yeux ; mais le concours des mains qui y ont été employées, donne un nouveau degré au plaisir de la voir. En toute espece de chose on aime son ouvrage, & cette prédilection pourroit avoir des effets admirables, si l'on y donnoit de justes bornes, & si l'on en faisoit une application sensée. Tout ce dont nous sommes les auteurs bien que moins parfait peut-être, a pour nous des charmes particuliers.

LXVIII. On grave les premiers traits sur la planche de cuivre ; à mesure qu'ils s'approfondissent & se multiplient, ils approchent davantage de cette harmonie nécessaire à tous les objets pour les rendre agréables. Un artiste essaye les organes encore brutes de son éleve, il en dirige & il en régle les mou-

vemens , il les fixe par des régles
sûres ; il montre quand & comment
on peut quelquefois s'en écarter
en faveur du goût & de certaines
graces que ne produiroit pas toujours la sévére observation des régles. A mesure que les organes ré-
pondent , & que l'esprit saisit l'intelligence de la méthode qui les
conduit avec succès, le guide doit,
ce me semble , sentir d'autant plus
de plaisir & croire devenir plus habile lui-même qu'il ne l'a jamais
été, quand il est parvenu à former
un éleve plus fort que lui. Devons-
nous croire que certains grands
Artistes qui ont fait passer leurs
noms à leurs écoles , n'ayent pas
pû sensément en sentir leur amour-
propre satisfait ; c'étoit un moyen
de s'assurer l'immortalité. Et pou-
vons-nous penser que ces anciens
Philosophes si respectables encore,
tout imparfaits qu'ils puissent paroître à nos yeux , n'ayent paseu rai-

fon d'attacher une idée de gloire
au nombre des fectateurs qui les
fuivoient pour apprendre leurs principes & les profeffer enfuite comme des verités adoptées par eux ?
Rougiffoient - ils ces hommes il-
luftres de tenir des Ecoles publiques ? & les familles diftinguées ne
fe faifoient-elles pas honneur d'en-
voyer la jeuneffe puifer dans ces
fources abondantes , des maximes
dont on croyoit la connoiffance
néceffaire au bonheur de la République ? Combien ces efpeces de
pepinieres n'ont-elles pas produit de
rejettons aufquels nous devons tant
d'ouvrages qui nous ont conduits,
même pour les réformer , & qui
doivent être pour nous d'un prix
ineftimable , puifqu'ils nous ont
aidés à trouver le vrai qui avoit
échapé à ces premiers ouvriers.
Ces Ecoles ont fini avec l'émulation & le goût d'apprendre.

LXIX. Qu'on ne dife point que le

grand nombre d'artiftes que cette méthode produiroit dans chaque genre, fi elle s'accréditoit, fût un mal dans un Etat ; & que l'un feroit obftacle à l'autre. L'émulation n'en feroit que plus grande, & ce feroit une erreur groffiere que d'imaginer que ce qui peut former de grands hommes & d'habiles gens, puiffe jamais devenir un mal. Quelque multipliée que puiffe être chaque efpece d'artiftes, il y en a toujours moins en chacune, que la focieté ne fournit d'individus qui en ont befoin. Ou l'Etat a de quoi les occuper & de quoi entretenir leurs talens ; ou bien il en paffe dans les focietés voifines, qui laiffant parmi elles un grand nom rapportent au fein de leur patrie les richeffes qu'ils ont y affemblées par leurs talens. Et de l'ufage que ceux-ci font de leur loifir, naît cette circulation continuelle qui, ainfi qu'on l'a dit, fait la grandeur &

la

la richesse d'un pays. Combien d'E-
tats ne se font pas élevés & ag-
grandis par ce moyen? Le progrès en peut être plus lent que
les succès d'un Conquerant; il est
du moins plus sûr , & il s'opere
non par la terreur & l'effroi des
humains , mais en leur plaisant.

LXX. Si à cette émulation qui
prend si aisément sur les hommes
en general, on joint les choses propres à donner de l'encouragement ,
comme la faveur du Souverain, son
attention , & les graces qui sont en
ses mains , de quoi ne sont-ils pas
capables? Saisis d'un respect naturel pour celui à qui ils ont donné
le droit de les commander , ils mettent à lui plaire leurs premiers soins.
Y ont-ils réussi, ils se croyent heureux. Le siécle d'Auguste eût-il été
aussi brillant en tout genre , si son
amour pour les arts & pour les
sciences n'avoit pas été pour les
Romains un motif d'émulation ?

K

Pour juger combien les effets du goût du Souverain jettent de profondes racines, il suffit de se rappeller combien il a fallu de tems & de révolutions générales, pour convertir l'éclat du regne d'Auguste en cette affreuse barbarie, qui a inondé, pour ainsi dire, la surface de la terre, jusqu'à ce que les différents Etats eussent pris une forme solide & à demeure ; on a vû les Arts & les Sciences lutter pendant long - tems contre leur propre ruine. Et pour ne plus sortir du centre de ma patrie, je dirai aussi qu'il n'a fallu qu'un regne pour dissiper ces ténébres de l'ignorance. Le siécle de François I. a ranimé des lumieres éteintes, & de regne en regne malgré les secousses & les ébranlemens que l'Etat a pû essuyer, on a vû renaître encore une fois le siécle d'Auguste, pour ne pas dire qu'il a paru de nouveau pour être effacé.

LXXI. Mais peut-on exiger des hommes qu'ils employent leur loisir à tenir, pour ainsi dire, des Ecoles ? Non, mais on demande que les Emerites à un certain âge conservent encore des entrailles, qu'ils ne se refusent pas à l'instruction des autres ; qu'ils aiment la jeunesse ambitieuse de se former ; qu'ils se prêtent avec complaisance à ses vœux & à ses empressemens ; qu'ils lui fassent trouver de l'agrément à apprendre ; qu'ils se sentent flattés de la bonne opinion qu'on a d'eux ; qu'ils aiment à la justifier & à la soutenir ; enfin que leur accès soit un attrait pour la jeunesse qui mérite d'être regardée avec attendrissement , quand elle dévelope du goût & des dispositions pour le bien.

LXXII. Sans vouloir établir comme principe, que l'homme soit incapable de rien faire sans intérêt , on ne peut cependant s'empêcher

de fentir par l'expérience, qu'il y a
beaucoup de chofes bonnes & utiles qui ne fe font point, quand on
n'y attache pas des émoluments.
Rien n'eft plus ordinaire que d'entendre des gens fort fenfés en apparence fe demander à eux-mêmes,
ou demander aux autres s'ils ne feroient pas bien fols de fe donner
des peines de furérogation, fans
avoir aucun profit à en tirer. Il eft
une infinité de travaux que l'on
nomme ainfi, quoiqu'ils ne le foient
pas, parce que comme on ne cherche qu'à racourcir le diametre de
fes devoirs, il y a beaucoup de
chofes qui retranchées mal-à-pro-
pos de ce cercle là, acquiérent le
nom de chofes fuperfluës. Or celles qui ne le font réellement pas,
doivent être faites fans aucune vûë
d'intérêt, parce que la pureté des
devoirs & leur obfervation portent
d'elles-mêmes leur récompenfe.

LXXIII. A ne fuppofer que la

simple converſation , on a moins
beſoin de recommander aux hommes de n'en prendre pour ſujet que
les choſes qui leur ſont familieres;
comme on veut primer , & que l'eſprit ne peut produire d'impromptu
(car j'appelle ainſi le cours ordinaire de la converſation) qu'autant
que l'on eſt inſtruit ſur une choſe ,
il ne faut pas craindre que dans la
ſocieté on s'éloigne des matieres
que l'on entend mieux que les autres. C'eſt au moins preſque toujours à quoi on s'attache & on ſe
fixe , parce que l'amour-propre n'a
pas d'autre moyen de ſe ſatisfaire.
C'eſt même ce qui conduit au défaut aſſez ordinaire de ne parler jamais que de ſon métier , & de ſe
rendre par-là infiniment ennuyeux.
Il n'en eſt pas de même de l'uſage
d'écrire , ſur lequel l'amour-propre
ſe méprend ſouvent, ainſi qu'on l'a
indiqué, parce que nous nous ima-
ginons pouvoir briller beaucoup en

composant des choses médiocres ;
quand elles ne font pas de notre
état & de notre fphere. Comme fi
le public devoit néceffairement de
l'indulgence à un ouvrage , parce
l'Auteur fe feroit mépris fur le
choix de fon fujet , ou parce que
pour fixer ce choix il fe feroit laiffé
induire en erreur par le confeil de
quelque défaut perfonnel. Ce feroit
en verité vouloir foumettre le public à un dur efclavage. Qu'un Of-
ficier de terre donné au loifir faffe
un traité de guerre de mer ; qu'un
Magiftrat retiré de deffus les lis ,
écrive fur les régles de la guerre ,
ou que las de fa fphere il veuille pénétrer les obfcurités de l'Aftrono-
mie , cela ne devra-t-il pas paffer
pour un manque de bon fens ou
pour un caprice ? Eh pourquoi fau-
droit-il que le public fût condamné
à trouver cela bon ? Un Auteur dé-
païfé de la forte devra-t-il être flatté
du témoignage qui fe bornera à

dire qu'une chose est assez bien pour un homme qui a traité une matiere qui n'étoit pas du ressort de son métier ou de sa profession ? Pourquoi sortoit-il de son état ? Cela seroit pardonnable au plus à quelqu'un qui en sortiroit pour travailler sur des sujets que personne avant lui n'auroit traités ; il ne seroit pas loüable à la verité pour s'être écarté de ce sur quoi il étoit en droit de travailler ; mais au moins il n'y peut rien perdre pour l'opinion, puisqu'il ne peut pas dans ce cas être jugé par comparaison.

LXXIV. Or plus un homme a exercé long-tems une profession ; plus il y a eu de succès, & moins il lui doit être permis de chercher dans son loisir des objets de méditation étrangers à cette même profession ; l'expérience ou la mémoire fournit d'autant plus de matiére, & par conséquent l'homme même que l'on supposeroit ne vou-

loir que briller , auroit alors d'autant plus de moyens de satisfaire
son amour-propre. On n'a pas ordinairement réüssi dans son état, sans
avoir rassemblé dans le tems toutes
les connoissances, ou anciennes, ou
de différentes espéces qui pouvoient
être analogues ou relatives au métier que l'on a fait ; ou si l'on a
réüssi sans cela , le public a été trop
indulgent. Cette abondance de no-
tions qui a servi à éclairer & à
conduire l'esprit , pendant que l'on
a été dans l'arêne , sert encore à
enrichir le travail auquel on se livre au sein du loisir ; & c'est une
des raisons pour lesquelles il est vrai
de dire que l'homme à quelque
état qu'il se destine, devroit travailler à devenir profond & sçavant par
la théorie du métier qu'il embrasse.
Celui qui n'a qu'une simple routine
ne joüit jamais du relief d'un grand
éclat ; & ses œuvres deviennent
maigres , arides & beaucoup moins

instructives. C'est ce que les connoisseurs remarquent aisément dans
une infinité de mémoires que plusieurs hommes ont faits de leurs
vies. Le Lecteur est fatigué par
l'écrivain, qui lui rend compte sé-
chement de ce qu'il a fait ou vû,
sans y joindre sur le fond des choses aucune réfléxion qui puisse aider
à juger de ce qui a été mal, ou de
ce qui a été bien, ou de ce qui
pouvoit être mieux & des raisons
pourquoi. Sans cela la lecture ne
fait que satisfaire une certaine curiosité, & ne fournit aucun secours
pour former le Lecteur, qui novice lui-même, a bien de la peine à
tirer de son propre fond cette espéce de sel qui met le goût & le prix
aux choses. On a des modéles excel-
lens en ce genre dans les anciens
Historiens Grecs & Latins ; pour
peu qu'on les lise avec quelque
méditation, on sent sur chaque événement son jugement aidé & pré-
paré.

LXXV. De-là il faut conclurre que ce n'eft pas pour paroître fçavant qu'il faut le devenir ; mais pour être en état de donner à ce que l'on écrit le jufte degré de lumieres ; car dans le premier cas on s'accoutumeroit à ne faire qu'un vain & inutile étalage d'érudition, fouvent fort étranger à la matiere que l'on traite. C'eft le défaut fi ennemi des véritables agrémens du ftile , dans lequel tombent ces impitoyables compilateurs de citations , qui fe croyent honorez de tous les vols qu'ils font , fans fonger qu'un compilateur & un copifte font prefque la même chofe , & qu'on ne doit faire cas que de celui qui choifit avec difcernement ce qui eft propre à fon fujet, ainfi que dans un parterre émaillé de mille fleurs diverfes, dans la production defquelles la nature fe jouë , une main habile cueille celles qui par leur coloris peuvent étant raprochées former des nuances agréables. Il n'eſt pas douteux que l'eſprit exige dans ce qui lui eſt préſenté une harmonie & un accord ſans lequel rien n'eſt en droit de lui plaire ; or le chemin d'inſtruire eſt de commencer par plaire. L'eſpérance de nous inſtruire nous fait ouvrir un livre, le plaiſir qu'il nous donne nous le fait achever.

LXXVI. Puiſque l'homme qui entre dans l'état du loiſir doit ſe faire à lui-même un plan, il faut que ce plan ſoit ſenſé ; & pour être tel, il faut qu'il ne tombe dans aucun extrême, ſans quoi il ne peut être d'aucune durée. Les choſes forcées, quelqu'effort que l'on puiſſe faire pour les ſoutenir, ſe détruiſent toujours, parce qu'elles portent en elles-mêmes les principes de leur deſtruction. Si ce plan ne porte que ſur une ſuite meditée de plaiſirs & d'amuſemens, il prépare

nécessairement des vuides à la longue insoutenables , ou parce que
les amusemens ne peuvent pas toujours se renouveller, ou parce qu'on
ne peut pas sans cesse y fournir.
S'il consiste en un travail suivi &
non interrompu , il n'est pas plus
durable , parce qu'à un certain âge
il est impossible de soutenir un cours
d'étude & d'occupation , auquel la
plus grande vigueur de l'âge peut
à peine répondre.

LXXVII. L'homme sensé doit
se partager entre les amusemens
tranquilles, la societé douce & l'é-
tude variée Les amusemens tranquilles , c'est-à-dire dans lesquels
les passions n'entrent pour rien ,
peuvent fort bien remplir une partie de la journée, & font dans leur
espece un genre d'occupation ; la
societé d'amis choisis répand des
consolations infinies sur les momens
du loisir ; & l'étude prise avec mesure & modération entretient l'es-

prit en action , & met en état de
remplir le loisir par des objets qui
font avantageux pour la societé ,
dès qu'on apporte à leur choix le
discernement dont on a parlé. Cette
derniere portion du partage des
jours dans le loisir , produit encore deux sortes d'occupations ; l'une
de méditer sur les événemens dont
on a été témoin ou partie ; l'autre
de digerer ses pensées & de les mettre sur le papier , car cette derniere opération ne peut point se
faire , qu'elle n'ait été préparée par
la réfléxion , tant sur le fond des
choses, que sur la disposition.

LXXVIII. Si les arrangemens
de la fortune exigent de l'œconomie , on peut dire que le même
esprit d'œconomie est essentiellement nécessaire dans les occupations du loisir. Comme on ignore
le terme de ce loisir , & combien
de tems on aura pour ainsi dire
besoin de soi-même, une des prin.

cipales attentions eſt de ne point précipiter les ouvrages dont on s'occupe, de même qu'on ne doit point épuiſer à l'avance les amuſemens que l'on s'eſt préparés. Ce que l'on pourroit faire en quelques mois, s'il y avoit neceſſité, il faut avoir la ſageſſe de ne le faire qu'en quelques années. Non ſeulement ce que l'on entreprend, en eſt mieux & plus parfaitement fait; mais en ſe preſſant trop, on court riſque de tomber dans des vuides, parce qu'il ſe peut que l'eſprit ne ſuffiſe point à pluſieurs ouvrages. C'eſt ainſi qu'ayant une route à faire, ſans être gêné par le tems, on ménage ſes forces, pour ne pas arriver plûtôt ſans néceſſité. Quelque nature de travail d'eſprit que l'on entreprenne, quand on veut l'embraſſer dans toute l'étenduë dont il eſt ſuſceptible, & approfondir ſa matiere, autant qu'elle le peut être, il n'eſt pas douteux

qu'il ne puiſſe ſuffire pour occuper.
A cela ſe joint encore le tems que
tout écrivain doit employer à châ-
tier ſon ouvrage, & à examiner les
défauts qui ſe ſeront gliſſés dans la
chaleur de la compoſition. En effet,
quelque défiance que l'on ait euë
des préjugés , ſouvent on en eſt
préoccupé ſans le ſçavoir ; & pour
ceux dont on s'eſt apperçû, il eſt
bien difficile qu'ils ayent perdu tous
leurs droits , & que l'on n'ait pas
beſoin d'examiner long-tems & ſoi-
même & ſon ouvrage l'un par l'autre. Qu'on ne craigne donc point
de manquer d'occupations dans ſon
loiſir , quand on voudra s'y livrer
ſenſément, & ne rien négliger pour
réüſſir.

LXXIX. Un Militaire, par exemple, qui, aprèsavoir vieilli au champ
de Mars, voudra faire un emploi utile de ſon loiſir, fera un détail exaɛt
de toutes les aɛtions dont il a été
témoin , il en examinera les prin-

cipes, la conduite & les succès ;
il fera voir ce que certains projets
ont eu de grand, les obstacles
qu'ils ont rencontrés, les mesures
qu'on a employées pour les vaincre ; il dévelopera les fautes particulieres & générales de part &
d'autre, comment on les a recti-
fiées, comment la partie opposée
en a profité, ou comment elle a
manqué d'en tirer parti. Il mon-
trera ce qu'il pouvoit y avoir de
mieux à faire que ce qu'on a fait ;
il donnera à mesure des connoissances exactes de la nature du pays
qui a servi de théatre à la Guerre ;
il donnera, fondé sur sa propre expérience, des instructions sur toutes
les differentes parties de service relatives au Militaire. S'il a vû de
nouvelles inventions de Méchani-
que, il les expliquera, il en fera
sentir l'utilité & l'application ; par
lui on connoîtra l'état de beaucoup
de places de Guerre, le point de

leur

leur force ou de leur foiblesse, par
où elles font fusceptibles d'être at-
taquées pour le faire avec œconomie d'hommes & de tems ; fi d'autres avant lui ont fait la guerre dans
les mêmes pays, il comparera la
méthode des uns & des autres toujours relativement à la qualité & à
la force de l'ennemi que l'on a eu
à combattre ; il en examinera les
différences ; il indiquera les fonctions des différents grades, & la né-
ceffité de l'exactitude dans leur pratique par les inconvénients qui ont
pû réfulter quand elle a été négli-
gée. Il rapportera toutes les précautions qu'exige pour réuffir quelque efpece que ce foit d'entreprife
& de manœuvres, les rufes qui
font permifes, les moyens de maf-
quer celles qui font trop connuës
& trop faciles à être devinées ; il
portera fon attention jufques fur les
qualités & quantités d'ammunition-
nement & d'approvifionnement.

L

Enfin il donnera fur le métier de la Guerre une théorie qui bien étudiée ne fera pas tout d'un coup fi vous voulez d'un novice un habile homme ; mais qui le mettra en état de le devenir plûtôt.

LXXX. Un Marin aura d'autres objets d'inftruction à préfenter ; la connoiffance des hauteurs, des Ports, des Côtes qu'il a pû connoître ; celles des vents ou des courants aufquels on eft expofé dans certains parages & en certaines faifons ; des differentes conftructions des Vaiffeaux ; de l'avantage ou du défavantage des unes ou des autres ; de l'emploi à en faire proportionnément à leur force & à celle de l'ennemi que l'on a à combattre ; de tout le détail de ce qui entre dans l'aprovifionnement & l'armement du Vaiffeau ; de la façon de commander ; de toutes les differentes fortes de manœuvres ; de celles qui felon les occafions doivent être employées ; de la maniere dont elles doivent être exécutées pour réuffir par leur promptitude ; des précautions à prendre pour fe ménager dans un combat les avantages du vent & de la marée des moyens de gagner la main fur fon ennemi ; des mefures à prendre fi l'on a un débarquement à faire ; de ce qui eft néceffaire pour affurer fon établiffement par la protection de fes Vaiffeaux ; des difpofitions à former pour faire fans perte un rembarquement, fi l'on y eft obligé ; des précautions pour profiter de fa victoire, ou pour empêcher l'ennemi de profiter de la fienne. Tout cela eft le fruit du travail réfléchi & médité d'un homme qui a longtems fervi fur mer, & qui s'eft convaincu par fa propre expérience de la verité de certaines régles ; car chaque métier a les fiennes. Le tout n'eft pas de les connoître ; l'habile homme est celui qui sçait la maniere d'en faire usage.

LXXXI. Or comment, avant que d'avoir acquis de l'expérience soi-même, peut-on apprendre ces ré-gles, si ce n'est par les instructions de ceux qui ont agi ou vû les cho-ses avec un esprit de critique & d'examen, & qui sçavent discuter toutes les parties d'une entreprise par les raisons de sa formation, par les vûës générales qui y ont don-né lieu, par la maniere dont elle a été conduite, par ce qu'on lui a opposé, par le succès plus ou moins complet qu'elle a eu. Indépendam-ment de ceux qui contractent par le seul devoir de leur profession, l'obligation d'instruire les autres hommes: c'est cette même mé-thode qu'on devroit recommander à tous les Historiens de suivre, pour rendre leur travail utile; car un Historien doit être, pour ainsi dire, de tout métier selon les differents objets que sa plume a à tracer. Comme il est impossible qu'un seul homme sçache tout également bien , il faut qu'il ait recours aux mémoires les plus accrédités, & qu'il les suive en quelque façon pas à pas comme des guides nécessaires pour ne se point égarer dans des routes difficiles. Que deviendra donc l'objet & l'utilité de l'Histoire générale , si personne dans chaque état n'employe un rems de loisir à écrire ; elle ne sera qu'un tissu de nouvelles de Gazettes, qui ne peuvent donner que des dattes , sans contribuer en rien à l'instruction des hommes. Effectivement on peut , même sçachant une grande suite de faits , être très-peu propre à pratiquer soi-même. Un tel siége s'est fait , une telle Bataille de mer ou de terre s'est donnée en tel tems ; à quoi servira cette connoissance à un Militaire , si on ne lui apprend point dans quelles vûës , dans quel-

les politions , par quels moyens.
Ce font ces differentes combinaifons raffemblées , qui aident à comparer circonftances à circonftances,
& à décider s'il convient d'imiter
ce qui s'eft déja fait , ou s'il faut
s'écarter des exemples , comment
& de combien. Car de ce qu'une
chofe a été bonne à faire dans un
tems, il ne s'en fuit pas qu'elle foit
bonne à répéter ; auffi eft - ce par-
là que péchent une infinité de gens
en tous états , qui pareffeux de pen-
fer , fuivent aveuglément l'exemple, fans examiner s'il eft homogene
aux circonftances , qui fujettes à
une variation continuelle & infinie,
ne fe reffemblent jamais parfaitement. Pour peu que l'on ait vêçu
avec les hommes , on en aura trouvé de riches en connoiffances de
faits , mais pauvres de jugement ,
des efpeces de Dictionnaires peut-
être bons en eux-mêmes , mais dont
il faut du difcernement pour faire
ufage.

LXXXII. Un Magistrat qui aura
rempli ses devoirs avec distinction, a
dû acquérir une connoissance profon-
de des Loix anciennes, de leur établissement, de leur progression, des
applications qui en ont été faites, ou
des variations qu'elles ont essuyées;
il a dû contracter l'amour & l'usage
de l'esprit de sagesse ou de legisla-
tion. S'il a vû des causes singulieres,
il doit les déveloper & faire connoître les raisons de douter ou de
décider. S'il à reconnu des abus
dans l'administration de la justice,
il doit les mettre au jour & indiquer les moyens d'y remedier par
de nouveaux & sages réglemens ;
il doit au public des instructions
solides contre les artifices du plai-
deur, contre les ruses de l'homme
de mauvaise foi, contre la séduc-
tion à craindre du talent de l'Ora-
teur. S'il est question d'examen &
de jugement de Criminels, son expérience doit être employée à appren-

dre aux jeunes Magiſtrats la maniere
de déveloper le crime, de le trouver ſous tous les replis dans leſquels
il s'envelope , de connoître ſes
differens degrez, & les differences
dans les punitions. Quelle utilité
ne tirerions-nous pas de pareils ouvrages ? Ce n'eſt que par là que le
code des Loix a été ſucceſſivement
épuré ; que ne pourroit-on pas faire
pour le conduire à une plus grande perfection, ſi chaque Magiſtrat
dans chaque partie de la juriſpru-
dence communiquoit ſes penſées
& ſes réfléxions ; fuſſent-elles même médiocres , elles pourroient au
moins ſervir à faire naître de nouvelles idées meilleures & mieux di-
rigées. Or l'homme qui entrant dans
la Magiſtrature devient arbitre de
la vie & de la fortune des hommes,
peut-il avoir d'avance trop d'inſtruc-
tions ? & les lumieres ſûres en ce
genre, ſont-elles moins importan-
tes pour le bonheur de la ſocieté,

que les talens à acquérir pour un art dont l'objet est de défendre les frontieres d'un Etat, & d'en éloigner des voisins incommodes ou dangereux. Le droit Romain a produit en differens tems plusieurs codes qui en ont fait l'excellence, & qui ont porté leur utilité jusqu'à nous.

LXXXIII. Toutes les parties qui entrent dans le gouvernement total d'un pays, forment entre elles un cercle. L'Etat périra qui manquera par l'administration de la justice. Le sang de ses Guerriers ne préviendra pas sa ruine, qui peut-être seulement sera plus tardive. Il aura d'autres principes de destruction certaine, s'il a des gens de guerre qui sçachent faire respecter les armes, & faire échoüer les projets ennemis. C'est pourquoi nulle profession ne doit être exemptée de l'obligation & de l'emploi utile du loisir. Celle qui paroîtra

la plus indifferente, se trouve nécessairement avoir quelque point de
relation avec les parties essentielles
& principales ; & qui ne les sçait
pas embrasser toutes, n'est point
réellement homme d'Etat.

LXXXIV. Celui qui aura passé
un tems considérable de sa vie dans
les détails de Finance ou de Commerce, manque-t-il d'objets d'instruction à donner aux autres ? Indépendamment de la connoissance de
ce qu'exige chaque emploi différent, relativement à ses fonctions,
l'état des Provinces & des Villes,
leurs ressources, leurs forces, les
charges que dans cette proportion
elles peuvent porter, les avantages
du sol que la nature peut avoir
donné aux unes ou aux autres, la
maniere d'en faire un usage utile,
l'encouragement de l'industrie, les
défauts dans l'administration, comme dans la perception des droits,
leur simplification, l'œconomie &

le choix dans la maniere de l'exercer, pour ne point décourager
l'homme à talens, l'art de perdre
à propos pour gagner davantage
d'un autre côté dans la vûë du public ; la jufte balance à tenir entre
la richeffe du Prince & celle de
l'Etat, pour que l'une faffe le fou-
tien de l'autre. Tout cela forme-
t'il des objets indifférents & fur lefquels on puiffe pardonner à un homme de talens de laiffer périr avec
lui les avantages que fon expérience pouvoit procurer à la focieté
publique?

LXXXV. Sans doute, on ne
peut pas demander à chacun en particulier cette prodigieufe étenduë
de vûës & de connoiffances, néceffaire pour remplir la totalité des
plans de travail, tels qu'on vient
de les tracer ; mais chacun dans
fon état peut en avoir une certaine
portion. Si chaque partie de l'ad-
miniftration générale étoit portée

à sa perfection morale, cette admiministration générale seroit aussi plus facile à perfectionner. La nature dans ses productions les plus communes nous offre des exemples sensibles de cette verité ; nous voyons la beauté & la durée plus ou moins grande du corps d'un arbre dépendre sensiblement de la maniere dont ses branches sont conduites ; sont-elles trop gênées ou trop abandonnées, l'arbre se défigure & périt même quelquefois, ou tombe dans la sterilité. Du plus au moins, il en est de même des branches de l'administration du Commerce & des Finances, & plus il sera vrai que les détails & les combinaisons en sont infinis, plus il sera évident que l'Etat ne peut avoir en ce genre trop de Sujets qui employent utilement leur loisir. Je ne dis pas qu'on ne puisse se tromper, mais l'un servira à rectifier l'autre.

LXXXVI. Quel vaste champ d'instruction à donner ne s'ouvre pas sous la plume de celui qui rompu au maniement des affaires publiques ou politiques , se procure le tems de se donner tout entier à la méditation ! Combien d'évenemens bizarres , singuliers ou inopinés ont passé sous ses yeux ? Plans généraux , plans particuliers réfléchissant aux premieres vûes absolues ou subsidiaires , considérations momentanées , prévoyance d'avenir prochain ou éloigné , projets offensifs ou défensifs , simple entretien de bonne intelligence ; tels sont les objets qui occupent un politique. Quelle utilité ne peut - on pas espérer des réfléxions faites au sein de la tranquillité par un homme sensé qui voudra déveloper l'histoire de son tems , les événemens qu'il a vû éclorre , ce qui les a fait naître , ce qu'ils ont donné occasion de faire , les succès bons ou mauvais & leurs caufes ; fur-tout s'il y joint fes lumieres fur la maniere de préfenter les affaires, de les traiter & de les conduire relativement aux circonftances, aux intérêts, ou aux caracteres des gens avec qui on a eu à négocier. De pareils monumens font des efpeces d'Ecoles propres à former l'efprit, & dans lefquelles chacun peut puifer des leçons. Il ne faudra plus après cela qu'un jugement fain, pour en faire à propos de juftes applications. Car quelque bons que fuffent des mémoires politiques, ils ne pourroient pas fuppléer à ce qui manqueroit entierement à cet égard. Ils font affez bons quand ils peuvent fervir à rectifier & à étendre les vûes du Lecteur. Sans de pareils fecours, on courroit rifque de ne fe former qu'aux dépens de fa propre réputation, & des chofes dont on feroit chargé. Or ce feroit un grand malheur pour l'Etat ; affez d'affaires échouent par leurs propres difficultez, sans les assujettir encore aux inconvénients de l'inexperience qui est totale, quand on n'a pas cherché à rémedier par la lecture au défaut de l'âge, ou de l'action personnelle.

LXXXVII. Aussi suis-je persuadé que les Négociateurs doivent être aujourd'hui plus habiles qu'ils ne l'étoient, par exemple, il y a deux ou trois cens ans ; qu'ils le seroient encore plus qu'ils ne le font, si les Anciens avoient laissé plus de monumens de leurs travaux en ce genre ; & que ceux qui nous suivront après un grand nombre d'années, devront nous être infiniment superieurs dans la proportion des ressources que leur fourniront les Ecrits de nos Contemporains. Toute matiere conjecturale, qui a besoin du secours de l'experience, pour s'éclaircir, doit acquerir un degré de lumiere & de perfection par la multiplication de ceux qui obfervent fur les mêmes parties. Telle la phyfique & tout ce qui tient à l'hiftoire naturelle. A plus forte raifon cela fera-t-il vrai des matieres publiques , qui prifes dans leur totalité , ou confiderées dans leurs plus petites branches font fufceptibles , comme on l'a déja dit , d'un nombre innombrable de combinaifons , dans lefquelles la variation d'une feule en fait renaître encore une infinité d'autres.

LXXXVIII. Il eft un autre objet de travail dans le loifir , bien plus relevé & bien plus étendu ; c'eft celui qui regarde l'inftruction & la conduite des hommes dans les vûes fublimes de la Religion. Il y a dans ce miniftere faint des fonctions aufquelles l'humanité n'eft pas toujours affez forte , ou affez parfaitement organifée , pour permettre de vacquer , tant que l'on vit ; telle eft celle de la prédication,

& du gouvernement des fidéles ; mais eſt-il vrai qu'alors on ne puiſſe plus être d'aucune utilité pour la gloire de la Religion & pour le ſalut des hommes ? Non, l'homme qui ne pourra plus remplir le miniſtere de la chaire, ſera encore en etat de méditer ſur les grandes verités de la Religion, & de donner des régles ſur la maniere de les rendre ſenſibles aux hommes & de les leur faire aimer. Celui qui aura vacqué pendant long-tems aux pénibles fonctions de la direction, doit avoir acquis une aſſez grande connoiſſance du cœur humain, pour pouvoir enſuite mieux qu'un autre en déveloper les replis à nos yeux par des principes généraux, & pour indiquer les moyens d'éloigner les hommes du vice, & de les faire entrer & perſévérer dans les ſentiers de la vertu. Enfin l'Eccleſiaſtique qui ne peut plus ſuffire au gouvernement d'un Troupeau qu'il a

M

conduit pendant long-tems , ne
peut-il pas donner de grandes lumieres sur les points de discipline ,
sur la maniere de les faire observer, sur les régles de prudence à
suivre pour prévenir ou vaincre les
oppositions injustes , sur le choix
des instrumens subalternes qui doivent concourir avec le chef à faire
servir & honorer Dieu comme il
le doit être , sur les progressions
à suivre dans les récompenses , sur
les degrez & la maniere dans les
punitions.

LXXXIX. La grandeur de Dieu
& l'excellence de la Religion , ou-
vrent au loisir la plus magnifique
carriere que l'on puisse imaginer.
Plus l'homme est ingénieux ou facile à se perdre & à s'égarer , plus
le champ est vaste pour travailler
à le connoître & apprendre à le retenir. Ce n'est pas une matiere que
l'on doive regarder comme facile
à épuiser. Les grandeurs de Dieu

font infinies, l'intelligence de fes préceptes, & leur application font fufceptibles d'un travail fans bornes. La morale Chrétienne n'en connoît pour ainfi dire point. Ses maximes peuvent felon le befoin ou l'état du cœur des hommes, être préfentées fous un nombre prodigieux de faces. Chaque caractere demande à être faifi par des tournures différentes, mais qui ont toutes un même objet.

XC. Si l'on ofoit, après d'auffi grandes confidérations que celle du falut des hommes, defcendre à d'autres confidérations, ne pourroit-on pas dire qu'aucun travail ne peut être plus utile que celui dont on vient de parler pour le corps fyftématique des Etats ? il me femble même que la preuve en feroit facile à donner. La pratique des vertus Chrétiennes n'eft - elle pas ce qui peut mieux contribuer à la grandeur des Républiques, &

les rendre floriſſantes, en attirant ſur elles les bénédictions du Très-haut? La connoiſſance la plus étenduë qu'il ſoit permis aux hommes d'avoir de Dieu & de ſes préceptes, n'eſt-elle pas le lien le plus parfait & le plus ſolide qui puiſſe attacher les peuples à leur Prince par la fidelité, & le Prince à ſes Sujets par l'amour? Employer ſon loiſir, comme on vient de l'indiquer par rapport à la Religion, c'eſt donc travailler auſſi pour le bien de ſa patrie & pour le bonheur de toutes les ſocietés reſpectivement.

XCI. Il y a par rapport aux gens de Lettres une méthode differente à propoſer, pour paſſer au loiſir & pour l'employer. Comme c'eſt de tous les états celui qui eſt le plus rapproché de l'état du loiſir, le paſſage à celui-ci eſt plus ſimple, plus facile & plus naturel; & la difference de l'un à l'autre ne peut conſiſter que dans la maniere &

l'arrangement du travail. S'il eſt
vrai que l'homme de Lettres ſoit
plus qu'aucun autre maître de ſon
travail, il ſeroit auſſi plus reprehen-
ſible qu'un autre de s'égarer dans
la route qu'il doit tenir , pour que
ſelon la force de la nature tous les
momens de ſa vie puiſſent être occupés par quelqu'objet d'utilité. Il
doit pour ſe conduire ſenſément
conſacrer la force de l'âge à raſ-
ſembler les connoiſſances qui de-
mandent beaucoup d'application &
d'étenduë , à approfondir autant
qu'il peut les matieres auſquelles il
s'eſt attaché, & à préparer des ma-
teriaux, qui n'ayent, pour ainſi dire,
plus beſoin que d'être mis en œuvre dans un tems , où l'eſprit qui
peut ſuffire à des choſes d'ordre ,
ne ſeroit plus aſſez fort pour rechercher & approfondir. C'eſt cependant aſſez ordinairement par-là
que péchent les hommes. Le feu
de la jeuneſſe les entraîne dans une

espece de dissipation, même au sein
du travail, en les faisant errer entre un grand nombre d'objets divers; & souvent ils attendent trop
tard à se fixer à un objet suivi.

XCII. L'homme de Lettres ne
laissera rien à désirer, & il pourra
se rendre le témoignage d'avoir
rempli parfaitement sa vocation, si
sans y être conduit par aucun retour d'amour-propre ou de vanité,
mais uniquement par l'amour du
bien & de l'utilité publique, il veut
consacrer ses momens d'amusement
ou de dissipation à se communiquer
à ceux que sa réputation amene
près de lui, à leur faire part de ses
veilles, de ses recherches, de ses
découvertes, de la méthode qu'il
a suivie pour les faire, & de l'application qu'elles peuvent avoir. C'est
être à sa façon & dans sa sphere
homme d'Etat; l'on ne peut au
contraire trop blâmer ces gens qui
portent la jalousie de ce qu'ils ont

appris jufqu'à l'enfermer pour ainſi dire dans un puits, au fond duquel ils ne laiſſent pénétrer perſonne. L'érudition & les talens ne ſont point faits pour être, comme les pommes du Jardin des Heſperides, gardés par des Dragons inacceſſibles aux humains.

XCIII. Il faudroit entrer dans le fond de toutes les conditions & de tous les métiers, pour indiquer les détails de l'objet ſur leſquels chacun dans ſon loiſir peut ſe propoſer de travailler ; cette entrepriſe s'écarteroit du plan que je me ſuis fait de me renfermer dans les Théſes générales. Et d'ailleurs, comme d'un côté l'imagination des hommes, & de l'autre les beſoins réels ou imaginaires de la ſocieté, ont donné naiſſance à une infinité de profeſſions &. d'états, il faudroit pour les parcourir tous, écrire des volumes entiers. Il y a toujours quelqu'un qui excelle en quelque choſe

que ce soit ; c'est à chacun à sçavoir quelle partie de son talent mérite le plus d'être transmise à la posterité, & peut lui être le plus utile.
La superiorité que l'on a dans un
art, n'a pas besoin de leçons sur
le choix de la portion qui mérite la
préférence ; elle ne pourroit avoir
ce besoin, que pour l'étenduë à donner au travail ; on se croit obligé à
en embrasser une plus grande qu'un
autre, & d'ailleurs l'abondance des
idées conduit naturellement trop
loin. C'est un écueil contre lequel
il est important d'être en garde.
L'étenduë de l'entreprise doit donc
être reglée selon l'état où l'on sent
ses forces, & sur l'âge auquel on l'a
commencée. Quoique nous ne
puissions avoir aucune connoissance
du terme fixé à nos jours, on peut
cependant d'après ce qui se passe
sous nos yeux en évaluer la durée
& se régler sur cette évaluation,
sans être reprehensible ni responsable

de l'erreur dans laquelle on tombe,
fi la mort nous furprend prématuré-
ment. Rien ne feroit plus infenfé
en effet que d'entreprendre quelque
chofe de difproportioné pour l'é-
tenduë, avec l'âge auquel on eft
parvenu. Ce feroit comme fi on
commandoit pour fon ufage des
habits fur la taille d'un autre homme beaucoup plus grand ou plus
petit. Par la même raifon on ne
doit point fe livrer dans ces fortes
d'ouvrages de loifir à des chofes de
pure curiofité vaine & inutile; mais
au contraire fe borner à ce qui peut
être effentiellement utile pour l'objet de l'inftruction des autres.

XCIV. L'impreffion eft un grand
fecours pour la confervation des
Ouvrages. Nous aurions vraifem-
blablement de bien plus grandes richeffes de l'Antiquité, fi cet Art
avoit été découvert plûtôt. Chaque
Livre alors étoit pour ainfi dire uni-
que, ou s'il étoit multiplié par des

copies, le nombre en étoit peu con-
siderable, & l'on ne pouvoit y avoir
qu'une médiocre confiance. Le
nombre de manuscrits d'un même
ouvrage n'a souvent servi qu'à faire
naître des doutes. Aujourd'hui les
Ouvrages lorsqu'ils sont une fois
imprimez ne peuvent plus périr.
Rien n'est plus propre à encoura-
ger ceux qui sont en état d'écrire,
que la certitude de vivre dans les
siecles à venir par leurs ouvrages,
& de ne pas travailler inutilement
pour perpétuer les Arts & perfectionner les sciences, en sorte qu'il
ne semble plus rester aucune excuse
à ceux qui négligeroient cette partie de leurs devoirs.

XCV. Que n'auroit-on pas encore à dire sur les avantages du loisir, si on s'étoit proposé de les con-
siderer dans le point de vüe de l'é-
ternité qui suit notre court passage
sur la terre. Se trouver éloigné des
occasions qui allument les passions,

ou qui les entretiennent, être libre de ne réfléchir que sur soi rélativement à son origine & à sa fin, pouvoir méditer sans distraction sur les grandeurs de l'être suprême, sur les obligations qu'on lui a, sur ce que l'on doit faire pour esperer de ses miséricordes ce qu'on ne peut jamais lui demander à titre de justice, pouvoir consacrer une partie de son tems à la réformation de ses pareils, soit par l'exhortation ou par l'exemple : est-il aucun autre état que celui du loisir qui puisse rassembler autant de trésors & d'aussi précieux ? Et si les hommes s'accoutumoient à promener leurs regards sur ces biens inestimables, cesseroient-ils un moment de les désirer, & ne se presseroient-ils pas d'en jouir, comme des seuls qui puissent operer leur félicité parfaite ?

XCVI. Un simple calcul arithmétique suffiroit, s'il étoit nécessaire, pour démontrer cette vérité sur le bonheur attaché au loisir. Rassemblez dans les conditions les plus brillantes, vingt personnes au hazard, & questionnez-les sur l'état de leur cœur; vous n'en trouverez peut-être pas deux qui s'avoüent ou que vous puissiez affirmativement croire contentes. Prenez dans l'état du loisir le même nombre de personnes aussi sans choix, qui aient eu le tems d'arranger leur loisir, & de se former comme on l'a dit un plan de vie, il n'y en aura peut-être pas deux qui ne se déclarent heureux, ni qui voulussent préferer les offres les plus éclatantes à la situation dont elles joüissent. Dans cette derniere classe, vous ne verrez que des joies douces ou des peines médiocres, des désirs moderez, du mépris pour ce que chérissent le plus dans le tumulte du monde les hommes occupez. Enfin vous trouverez des gens qui ne doivent rien qu'à eux-mêmes, rapportant cependant tout à l'Auteur de tout bien.

XCVII. C'eſt par la même raiſon, qu'à ſuppoſer la premiere vocation bonne, on peut dire que l'on
trouveroit dans la retraite des Mo-
naſteres plus de gens heureux &
contents qu'on ne ſe l'imagine au
premier coup d'œil ; l'état de ceux
qui s'y ſont conſacrez eſt vraiment
un état de loiſir, relativement à la vie
des hommes engagés dans le monde ; & il n'y a de vraie différence
entre cet état & celui que l'on a
décrit dans ce diſcours, que celle
des vœux d'un côté, & de la liberté abſolue de l'autre. Or, dès qu'on
ſuppoſe des gens bien appellez, la
gêne des vœux n'a rien de plus fort
dans ſon principe, que la réſolution
que l'on prend de ſe rendre ſolitai-
re, ſans ſe mettre ſous la cloture.
Un homme qui n'eſt pas propre à
l'état du loiſir & qui y eſt forcé,
comme cela peut arriver, n'eſt preſque pas moins à plaindre que celui

qui a le malheur de fentir le poids de fes vœux. Chaque état a fes dédommagemens, & fi pour ce dernier cas, il y en a peut-être un peu moins dans la folitude du cloître, on y eft peut-être auffi un peu moins à portée des objets propres à nourrir la douleur & la peine de fon état. Ainfi tout eft compenfé par les foins de la providence, qui fe plaît à nous donner les reffources & les moyens néceffaires pour être heureux. C'eft parce qu'on ne s'arrête point à ces différentes confidérations, que l'on croit ordinairement que la clôture fait beaucoup de malheureux ; oüi fans doute elle en fait, mais beaucoup moins qu'on ne fe l'imagine, & feulement de la même façon, ou à peu près, que le fait un loifir qui péche par le motif; ou par l'emploi, ou par l'un & l'autre à la fois. J'avoüe pourtant que, comme le lien des vœux eft indiffoluble, il peut demander un plus férieux éxamen, avant que de s'engager.

XCVIII. Il fembleroit néceffaire, pour donner à ce difcours toute l'étenduë qu'il peut avoir, de marquer le tems où on peut fenfément fe confacrer au loifir ; mais comment donner fur cela des regles fûres & générales ? Dans la nature, chaque efpéce de fruits a un tems fixé à fa maturité. A fuppofer égalité de fituations, un homme peut bien être plûtôt ou plus tard qu'un autre, propre à l'état du loifir, parce que cette aptitude, indépendamment de la réalité de certaines circonftances, dépend beaucoup des difpofitions intérieures. Or ces difpofitions ne font pas du reffort de notre pure volonté. Par le fecours du bon fens & d'un jugement fain, nous pouvons en hâter la naiffance, ou en affermir le progrès ; mais elles commencent bien fouvent par des chofes extérieures à nous, & même imprévûes ; heureux qui fçait profiter à propos des especes d'avertissemens que la providence lui envoye , & sur lesquels on a toujours la liberté de se déterminer. Une injustice que l'on essuye ; un grand malheur que l'on éprouve ; un changement considérable de situation qui en emporte un dans les vûes ; une infirmité personnelle ; la perte d'un protecteur on d'un appui ; des succès mauvais : tout cela devient des occasions & des moyens de nous faire rentrer dans notre propre cœur, & de nous rendre à nous-mêmes. Un grand coup de fortune qui comble en un moment tous nos vœux devroit produire sur nous le même effet ; mais ordinairement il ne fait qu'irriter nos désirs, & nous aveugler ; & c'est ce qui conduit si souvent au précipice , l'homme dont un moment auparavant nous avions admiré & souvent envié le sort.

XCIX.

XCIX. C'est donc à l'homme à se juger lui-même, en combinant ensemble l'objet qu'il a eu en entrant dans la carriere qu'il court, le progrés qu'il a fait dans ses vües, ce qui manque encore à leur accomplissement, ce que les circonstances lui peuvent permettre ou défendre d'espérer, ce que lui-même est en état d'opérer, enfin les ressources plus ou moins grandes qu'il peut avoir pour soutenir l'état du loisir. Cet éxamen doit, comme on l'a déja dit, être fait avec maturité, sans précipitation, & sans préoccupation. Ce parti pris sans ces précautions ou rend malheureux, ou devient nuisible à la réputation; il rend malheureux, si le parti du loisir devient forcément un parti à demeure; ou la réputation souffre nécessairement par l'opinion de legéreté qui retombe sur quiconque abandonne le loisir pour se rendre à la vie agitée.

C. L'on s'imagine sans peine qu'un

homme dont le métier eſt de travailler de ſes mains, s'apperçoit facilement, quand l'âge ou les infir-
mités portent quelque déchet ſur la
perfection de ſes ouvrages ; mais
dans tout ce qui eſt uniquement
du reſſort de l'eſprit, il eſt plus facile de ſe tromper, même en ſup-
poſant qu'on ſoit de bonne foi, parce que l'affoibliſſement de l'eſprit
eſt lui-même un obſtacle à ce qu'on
s'en apperçoive, au moins exactement ; on ne peut raiſonner que ſelon la force de ſa tête. Si elle s'af-
foiblit, on raiſonne moins bien ſur
la portée actuelle de ſes opérations,
de là vient que nous tombons en
mécompte, ſans qu'on doive cependant nous en faire une matiere de
reproche ; tout ce qu'on pourroit
nous demander ſeroit d'en croire des
amis clairvoyants, qui ſans être ſuſ-
pects d'aucun intérêt, nous avertiſſent
naturellement de notre état, & de
ce que nous pouvons avoir perdu

du côté des facultés de l'esprit. Mais il est dans l'humanité de vouloir se défendre sur ce qui a rapport à son depérissement, comme si c'étoit une honte de payer à la nature un tribut, dont l'obligation existe dès le moment que nous existons, & dont chaque jour de notre vie est, pour ainsi dire, un payement à compte. Il est sans exemple qu'on ait persuadé a un fol qu'il l'est. Or il y a bien des genres de folie différents, & tel qui paroît fort sage, n'a souvent d'avantage sur les autres hommes, que de n'être pas de l'espece des fols dangereux qu'on enferme pour la sûreté publique.

CI. Il faut donc des regles sur lesquelles on puisse moins se tromper, & pour cela on doit revenir au principe, que les hommes embrassent differentes professions ou pour ameliorer leur fortune, ou pour acquerir une distinction personnelle, ou pour parvenir à l'établissement

de leurs enfans. Toutes ces differentes vûes, quoiqu'au premier coup
d'œil la premiere paroiſſe arbitraire,
forment des vûes fixes, dont l'ac-
compliſſement peut être pris pour
le ſignal de la retraite & du loiſir,
lorſqu'il n'y a point, comme je l'ai
dit dans ma Préface, quelque devoir eſſentiel qui s'y oppoſe. Je dis
que la premiere eſt arbitraire, quoique raiſonnablement elle ne le doive pas être. Si on n'écoutoit que
les mouvemens de la concupiſcen-
ce ou de la vanité, on ne ſe croiroit jamais aſſez riche, mais il y a
des bornes ſages à y mettre. Car,
par exemple ſi on a acquis aſſez de
fortune pour ſoutenir honnêtement
ſon état, ou pour mettre dans le
même point ſes enfans, ou ceux
qui en tiennent lieu ſoit par leur
proximité, ou par le degré d'affec-
tion qu'on leur porte, il n'eſt pas
douteux que l'objet que l'on a eu
doit être cenſé rempli, & que l'on

ne peut porter ses desirs plus loin,
sans tomber dans un genre d'extra-
vagance, qui souvent peut coûter
cher à la fortune qui sembloit la
mieux établie. Une maison élevée,
mais bâtie sur des fondemens qui ne
comportent qu'une charge médiocre, annonce une ruine prochaine,
& tombe en effet bientôt. A l'égard
des deux autres objets, on ne peut
jamais s'y méprendre, en sorte qu'il
ne doit plus rester qu'à s'examiner
sur la faculté de soutenir l'état du
loisir.

CII. On ne peut jamais sur cette
faculté avoir des certitudes physi-
ques ; on ne peut pas même d'abord
en avoir de morales : & quiconque
sans y être forcé, passe subitement
& sans intervalle des agitations du
monde à la vie tranquille ou au loisir, s'expose, comme on l'a déja
dit, à un grand danger. Ce seroit
imiter un Général qui, pouvant faire autrement, voudroit livrer un

combat, avant que de s'être mis en bataille. Il est donc permis, & il est en même tems de la sagesse de s'essayer sans bruit & sans appareil, de s'éprouver soi-même, de tenter si les premiers & les seconds instants de tranquillité ne produisent pas l'ennui ; & à supposer que cela soit, d'examiner si c'est faute de s'être formé un plan, ou bien par quelque révolte interieure & involontaire du cœur ou de l'esprit. Car en ce genre ils font ou conjointement ou séparément nos maîtres ou plûtôt nos tyrans. C'est avec eux qu'il faut compter, & sur-tout bien peser ce que nous pouvons avoir d'autorité sur eux.

CIII. Ce n'est qu'après ces différentes épreuves qu'un homme sensé peut avec apparence de succés prendre son parti, & se déterminer à la retraite. Encore ne devra-t-il pas se flatter de n'avoir jamais aucun combat intérieur à essuyer, il doit même s'y préparer, & s'armer de courage. Car il y a toujours quelque sorte de tribut à payer à la foiblesse humaine ; souvent les succès d'un successeur suffisent seuls pour exciter des regrets, faire naître de la jalousie, & troubler la tranquillité qui sembloit être inébranlable. Mais si on a été assez heureux, pour sortir avantageusement d'un premier combat, on ne doit pour ainsi dire plus craindre les autres attaques. La premiere victoire est presque toujours en ce genre un garant d'une seconde. Aussi suis-je persuadé que ce n'est qu'après un premier combat soutenu avec succès que l'homme peut affirmativement compter sur lui-même & répondre de lui, en supposant toujours le secours des graces superieures sans lesquelles l'homme ne peut rien.

CIV. Il faut convenir que les premiers essais ne sont pas assez sûrs, pour mettre en état de juger du loisir ou de la retraite des autres hommes, sans appeller les évenemens à notre secours pour fixer notre opinion, ensorte que l'effet serve pour ainsi dire à la preuve des principes. Si je vois un homme réellement heureux dans le loisir, j'acquiers le droit de croire ou qu'il l'a embrassé à propos, ou qu'il y avoit une aptitude décidée, ou qu'il le sçait bien employer : je pourrai même être autorisé à rassembler toutes ces trois idées dans le jugement que je porterai du parti qu'il aura pris. Il ne paroit pas possible de dicter des principes plus certains sur une matiere sur laquelle la véritable loi est la maniere de penser. Il y en a autant que d'hommes sur la terre ; & s'il est vrai, comme on a eu occasion de l'observer ailleurs, qu'il n'y en a pas deux qui se ressemblent parfaitement, il faudroit, pour leur fournir à tous en particu-

lier des moyens ou des principes
de décision, pouvoir sonder les replis de leur cœur ; ou bien, comme
cela est impossible, il faudroit établir autant d'hypotheses particulieres qu'il y a d'individus éxistans, encore ne seroit-on jamais sûr de rencontrer parfaitement juste. Je ne
passerai donc point les bornes des
indications générales que je viens
de donner, persuadé qu'elles peuvent du moins aider à conduire
tout homme dans l'éxamen qu'il
doit faire de lui-même. Il ne me
reste qu'à rassembler sous un seul
coup d'œil toutes les parties de ce
discours, en rapportant sur le loisir
le sentiment d'un moderne. *Le vrai
loisir n'est pas un état oisif, mais
occupé. Ce n'est pas celui que le commun des enfans aime, mais celui
qui convient aux gens sages ; qui
rend les hommes libres, & non esclaves ; que les gens sçavants désirent ;
qui n'a point pour objet le libertina-*

ge, mais le repos ; qui n'émousse point, mais aiguise les ressorts de l'esprit humain ; enfin qui loin d'étouffer les semences de la vertu , les vivifie. Il me semble que cette peinture du loisir en montre parfaitement les principes, l'objet & les effets.

F I N.

APPROBATION.

J'Ai lû par ordre de Monseigneur le Chancelier un Manuscrit intitulé : *Discours sur l'Emploi du loisir* , & j'ai crû qu'on pouvoit en permettre l'impression. À Versailles le 6. de Janvier 1739.

H A R D I O N.

PRIVILEGE DU ROY.

LOUIS PAR LA GRACE DE DIEU Roi de France & de Navarre , à nos amez & feaux Conseillers , les Gens tenans nos Cours de Parlement, Me des Requêtes ordinaire de notre Hôtel , Grand-Conseil , Prévôt de Paris , Baillifs , Sénéchaux , leurs Lieutenans Civils & autres nos Justiciers qu'il appartiendra , Salut : Notre bien-amé JEAN-LUC NYON fils Libraire à Paris, Nous ayant fait remontrer qu'il souhaiteroit faire imprimer & donner au

Public *l'Emploi du Loisir* ; *les Pseaumes
de David expliqués par trois grands Doc-
teurs de l'Eglise Grecque, Saint Basile Ar-
chevêque de Césarée, S. Chrysostome &
Theodoret*, s'il Nous plaisoit lui accorder
nos Lettres de Priviléges sur ce nécessaire, offrant pour cet effet de le faire imprimer en bon papier & beaux caracteres,
suivant la feuille imprimée & attachée
pour modéle sous le contrescel des Présentes. A CES CAUSES voulant traiter favorablement ledit Sieur Exposant,
Nous lui avons permis & permettons par
ces Présentes, de faire imprimer lesdits
Ouvrages ci-dessus specifiés en un ou plusieurs volumes, conjointement ou séparément, & autant de fois que bon lui
semblera, & de les vendre, faire vendre
& débiter par tout notre Royaume pendant le tems de six années consécutives,
à compter du jour de la date desdites
Présentes : Faisons défenses à toutes sortes de personnes de quelque qualité &
condition qu'elles soient d'en introduire
d'impression étrangere dans aucun lieu de
notre obéissance ; comme aussi à tous
Libraires, Imprimeurs & autres, d'imprimer, faire imprimer, vendre, faire
vendre, débiter ni contrefaire lesdits Ouvrages ci-dessus exposés en tout ni en par-

tie, ni d'en faire aucun extrait fous quelque prétexte que ce foit, d'augmentation, correction, changement de titre ou
autrement, fans la permiffion expreffe &
par écrit dudit Expofant, ou de ceux qui
auront droit de lui, à peine de confifca-
tion des Exemplaires contrefaits, de trois
mille livres d'amende contre chacun des
contrevenans, dont un tiers à Nous, un tiers
à l'Hôtel-Dieu de Paris, l'autre tiers au-
dit Expofant, & de tous dépens, dom-
mages & intérêts; à la charge que ces
Préfentes feront enregiftrées tout au long
fur le Regiftre de la Communauté des
Libraires & Imprimeurs de Paris, dans
trois mois de la date d'icelles, que l'impreffion defdits Ouvrages fera faite dans
notre Royaume & non ailleurs, & que
l'Impétrant fe conformera en tout aux
Réglemens de la Librairie, & notamment
à celui du 10 Avril 1725. & qu'avant
que de l'expofer en vente, les Manufcrits
ou imprimés qui auront fervi de copie à
l'impreffion dudit Ouvrage, feront remis
dans le même état ou les Approbations
y auront été données ès mains de notre
très-cher & féal Chevalier le Sieur DA-
GUESSEAU, Chancelier de France, Commandeur de nos Ordres, & qu'il en fera
enfuite remis deux Exemplaires dans notre

Bibliothéque publique ; un dans celle de
notre Château du Louvre , & un dans
celle de notredit très - cher & féal Chevalier le Sieur DAGUESSEAU , Chancelier de France , Commandeur de nos
Ordres ; le tout à peine de nullité des
Présentes , du contenu desquelles vous
mandons & enjoignons de faire jouir ledit Sieur Exposant ou ses ayans causes
pleinement ou paisiblement , sans souffrir
qu'il leur soit fait aucun trouble ou empêchement. Voulons que la copie desdites Présentes qui sera imprimée tout au
long au commencement ou à la fin desdits Ouvrages, soit tenuë pour dûement
signifiée , & qu'aux copies collationnées
par l'un de nos amez & féaux Conseillers & Sécretaires, foi soit ajoutée comme à l'original ; commandons au premier
notre Huissier ou Sergent de faire pour
l'exécution d'icelles tous actes requis &
nécessaires sans demander autre permission , & nonobstant clameur de Haro ,
Charte Normande & Lettres à ce contraires : CAR tel est notre plaisir. Donné
à Paris le sixiéme jour de Février l'an
de grace mil sept cent trente-neuf , &
de notre Regne , le vingt - quatriéme.
Par le Roi en son Conseil.

SAINSON.

*Regiſtré ſur le Regiſtre X. de la Chambre
Royale des Libraires & Imprimeurs de
Paris , Nᵒ. 179. fol. 163. conformément
aux anciens Réglemens , confirmés par celui
du 28. Février 1723. A Paris le 13. Février 1739.*
LANGLOIS , *Syndic*.

De l'Imprimerie de la Veuve DELATOUR
1739.